ESTADOS DE EXCEÇÃO
A usurpação da soberania popular

CONTRACORRENTE

LUIS MANUEL FONSECA PIRES

ESTADOS DE EXCEÇÃO
A usurpação da soberania popular

São Paulo

2021

Copyright © **EDITORA CONTRACORRENTE**
Alameda Itu, 852 | 1º andar
CEP 01421 002
www.loja-editoracontracorrente.com.br
contato@editoracontracorrente.com.br

Editores
Camila Almeida Janela Valim
Gustavo Marinho de Carvalho
Rafael Valim

Equipe editorial
Coordenação de projeto: Juliana Daglio
Projeto gráfico: Denise Dearo
Capa: Maikon Nery
Revisão: Graziela Reis

Dados Internacionais de Catalogação na Publicação (CIP)
(Câmara Brasileira do Livro, SP, Brasil)

Pires, Luis Manuel Fonseca
　　Estados de exceção : a usurpação da soberania popular / Luis Manuel Fonseca Pires. -- São Paulo : Editora Contracorrente, 2021.

　　Bibliografia.
　　ISBN 978-65-88470-32-9

　　1. Democracia 2. Estado de Direito 3. Estado de exceção 4. Neoliberalismo 5. Políticas públicas 6. Soberania I. Título.

21-58145　　　　　　　　　　　　　　　　　CDU-35

Índices para catálogo sistemático:

1. Estados de exceção : Soberania popular : Direito administrativo　　35

Cibele Maria Dias - Bibliotecária - CRB-8/9427

@editoracontracorrente
Editora Contracorrente
@ContraEditora

"Por que foi que cegámos, Não sei, talvez um dia se chegue a conhecer a razão, Queres que te diga o que penso, Diz, Penso que não cegámos, penso que estamos cegos, Cegos que vêem, Cegos que, vendo, não vêem."

José Saramago, Ensaio sobre a cegueira.

SUMÁRIO

PREFÁCIO 9

APRESENTAÇÃO 15

NOTA DE ESCLARECIMENTO 19

INTRODUÇÃO 21

CAPÍTULO I – CAMINHOS DA SABEDORIA 29

CAPÍTULO II – A SOBERANIA USURPADA E AS ILUSÕES DE DEMOCRACIA 53

2.1 Populismo: a personificação da soberania 69

2.2 Neoliberalismo: o esvaziamento da democracia e a violência institucional do Estado 82

CAPÍTULO III – ESTADOS DE EXCEÇÃO 103

3.1 Contextualização histórica e perspectivas contemporâneas 104

3.2 A mobilização política por afetos: medos e outros sentimentos ... 121

3.3 O eixo fundamental: a equação amigo-inimigo 127

3.4 *Protego ergo obligo* e a normalização dos estados de exceção 131

CAPÍTULO IV – A QUE(M) SERVE O DIREITO? 139

4.1 O Direito em servidão voluntária nos estados de exceção 145

  4.1.1 Políticas públicas reacionárias na cultura e na educação 151

  4.1.2 Ausência de transparência: a supressão da democracia pelo Estado das redes sociais 155

  4.1.3 Poder de polícia no encalço de inimigos 160

  4.1.4 A ocultação das vontades políticas autoritárias 166

  4.1.5 Serviço público e neoliberalismo: a normalização dos estados de exceção 170

EPÍLOGO 173

REFERÊNCIAS BIBLIOGRÁFICAS 177

PREFÁCIO

Estabelecendo-se numa junção sensível entre o Direito e o Estado, o Direito Administrativo é um plexo relevante dos poderes e da dominação social contemporânea. Exatamente pelo seu caráter de sensível recôndito do poder, a reflexão sobre o Direito Administrativo costuma ser empreendida a partir dos marcos de sua própria narrativa interna, louvando o estabelecimento histórico de competências, medidas e limites do Estado em face da sociedade, das relações intersubjetivas empresariais e do cidadão. Por tal narrativa, o Direito Administrativo é elemento que permite a ordem e a estabilidade institucional e social contra os arbítrios e os voluntarismos políticos. Tal leitura administrativista é juspositivista, lastreando-se nas definições normativas e na pretensão de que a legalidade limita o poder. Se é verdade que daí se possam até mesmo extrair alguns pontuais proveitos progressistas – reiterando institutos do Direito Administrativo e seus princípios contra as ignomínias do dia –, via de regra essa visão sustenta um uso conservador, confirmando os préstimos do Direito em melhoria do Estado e da sociedade tal como se apresentam. O louvor do Direito Administrativo é, em geral, o louvor do Estado juridicizado em favor do capital.

Em tal quadro, de injunções e louvores juspositivistas, escasseia a cientificidade do Direito Administrativo que venha a compreender sua natureza histórico-social específica no seio da sociabilidade capitalista. Exatamente porque entrecruza, de modo singular, direito e Estado, o Direito Administrativo é o ponto nodal no qual as características e determinações da forma de subjetividade jurídica e da forma política estatal se demonstram. Tomado por uma mirada científica e necessariamente crítica, o Direito Administrativo não é apenas a afirmação da ordem e da cidadania contra o arbítrio estatal: é, acima de tudo, o mecanismo pelo qual o Estado se estrutura juridicamente para a reprodução da sociabilidade da exploração capitalista, permitindo a marcha da mercadoria e da acumulação (exatamente conforme a dinâmica das formas sociais das quais deriva), atravessado ainda por dominações e opressões múltiplas (típicas de cada qual das formações sociais nas quais se arraiga). Pensar de modo crítico e consequente o Direito Administrativo é pensar a própria crítica ao Estado, à cidadania, à ordem, ao Direito, ao capitalismo. Trata-se de empreitada de fôlego.

Ocorre que tal empreendimento se vê desabrochar, de modo vigoroso, neste livro de Luis Manuel Fonseca Pires. Aqui, sua reflexão sobre o Direito Administrativo avança, fundamentalmente, para a perquirição sobre a soberania estatal no capitalismo. O Estado, que guarda autonomia relativa em face do capital e dos agentes da produção, é, na prática, limitado por estes, em razão de seus interesses e direitos subjetivos, e, ao mesmo tempo, por estes é requerido para que seja soberano e sirva de salvaguarda à propriedade privada, aos contratos, à ordem. A soberania estatal é uma conta que não fecha e, ao mesmo tempo, é sempre mantida sob cálculo nas sociedades capitalistas.

Neste livro, o ponto exemplar da relação entre soberania e Direito Administrativo é o caso brasileiro contemporâneo: uma Constituição Federal promulgada após uma ditadura militar, fundada na declaração da soberania do povo e em princípios de cidadania, e que se defronta, desde então, com um quadro de neoliberalismo, desmonte das conquistas jurídicas de bem-estar social e de crise estrutural do capitalismo. O problema da Constituição que se afirma em partes e é combatida em outras partes é o âmbito privilegiado para se observar o quanto o Direito Administrativo é atravessado pelas contradições da sociedade contemporânea. Em tal contexto, as erosões, investidas, reconstruções e reconfigurações jurídicas do Direito Administrativo são consideradas pelo auto, como estados de exceção, no plural, dadas suas múltiplas manifestações e forças em disputa. Ao reconhecer que o autoritarismo

PREFÁCIO

atual não é igual ao de fenômenos como o fascismo do século XX, embora seja também sintoma da sociabilidade capitalista, o autor insiste com a noção de variabilidade nas experiências de reconfiguração da soberania e do Direito Administrativo hoje. Para tanto, este livro busca uma reflexão sobre os afetos na teoria política clássica e atual: não é contra o jurista – nem contra o povo – que se faz o combate à soberania e ao Direito Administrativo de pretensões cidadãs. É pelo jurista – e pelo povo, constituído ideologicamente pelo capital – que se destroem a principiologia jurídica e os interesses emancipatórios do povo. Conforme as palavras do próprio autor, "para conseguir existir e sobreviver na atualidade os estados de exceção não podem simplesmente subjugar o Direito, precisam dele como parceiro, *voluntariamente a serviço* e com amor à causa".

Desenvolve-se, neste livro, um inventário das definições teóricas e políticas de soberania, desde clássicos como Jean Bodin e Nicolau Maquiavel, no alvorecer da modernidade, até chegar ao tempo das revoluções burguesas que superam as soberanias absolutistas em favor da reorganização capitalista, fincadas então em uma soberania sob o Direito, como no caso da Revolução Francesa, outro tema da especialidade de Fonseca Pires. Ao alcançar a contemporaneidade, esta obra debate fenômenos atuais que põem em xeque a autodefinição jurídica e estatal de soberania: o populismo e o neoliberalismo. O primeiro dos termos se abre para o debate político, tratando da potência de controle que busca se afirmar pela vontade, ou ao menos não nos termos da legalidade posta. O segundo dos termos se encaminha para o debate no campo produtivo e econômico da sociedade capitalista. Aqui, relembrando o quanto os autores neoliberais dão de ombros à democracia se o que estiver em xeque for a salvação da liberdade do capital – desde o Chile de Pinochet e seus economistas, até o Brasil de Bolsonaro e Guedes, ambos os casos apoiados entusiasticamente por alguns juristas, militares, jornalistas, políticos e pelo grande capital –, expõe-se a contradição estrutural entre acumulação e cidadania.

Transcorrendo o caminho da teoria mais ampla sobre a soberania – na qual se levantam as questões da forma social do Estado e do Direito – e passando pelos problemas teóricos do populismo e do neoliberalismo – onde se apresentam as questões da formação social contemporânea –, o autor chega à sua tese a respeito dos estados de exceção na atualidade, fantasmagóricos, dissimulados e fragmentados. Fonseca Pires, neste livro, aponta para o caráter múltiplo e difuso das exceções, perfilhadas juntos à própria legalidade: "prefiro denominar este fenômeno político-jurídico de estados de exceção (no plural) [...] porque se escondem, fantasiam-se – geram ilusões –, produzem pantomimas democráticas, esquetes de representação popular, lançam-se sobre a educação, em seguida cedem um pouco, atravessam a cultura para pulverizar a diversidade, mas simulam respeitá-la ao substituir o pluralismo por projetos homogêneos, fustigam permanentemente a liberdade de expressão, esgarçam em ataques cíclicos a independência dos demais Poderes, se eles não encampam o projeto autoritário". Tal leitura dá-me a alegria de se aproximar daquela que desenvolvo em *Crise e golpe*, referindo-me à exceção na atualidade: "o fordismo se valia, preferencialmente, de cálices específicos de marcada exceção, dos quais se vangloriava; o pós-fordismo dilui a exceção em caixas-d'água, para uso crônico".[1]

Enquanto as análises tradicionais sobre a exceção creem se contrapor a ela proclamando a regra – a norma jurídica, a Constituição, a legalidade, a vida jurídica "normal" –, imaginando estar aí, portanto, a esperança de salvação, este livro avança de modo crítico em sentido contrário. Resgatando o apontamento de Étienne de La Boétie, no século XVI, sobre a servidão voluntária, Fonseca Pires constata que a exceção se faz, no Direito, com os juristas e mediante eles. O Direito Administrativo, que partilha o espaço da intersecção entre Direito e Estado, é tensionado e depauperado por juristas e agentes estatais. Este livro afirma explícita e contundentemente: o legislativo, a administração pública, o ministério público, a magistratura, a advocacia, a cultura jurídica, todo esse complexo, historicamente, age na legalidade em favor da destruição dela, quando assim reclamam os poderes e interesses dominantes. Exemplificando tal quadro, o autor discorre no livro sobre questões como as políticas públicas reacionárias na cultura e na educação, a ausência de transparência e a supressão do princípio da publicidade, o poder de polícia contra os inimigos, a discricionariedade administrativa e o serviço público.

---

[1] MASCARO, Alysson Leandro. *Crise e golpe*. São Paulo, Boitempo, 2018, p. 10.

PREFÁCIO

Expondo a aguda e consequente crítica da contradição entre a reprodução social da exploração e da dominação e o Direito Administrativo, este livro não permite a resposta fácil e anticientífica que via de regra se apresenta no campo jurídico: contra a barbárie, o direito. Pelo contrário, a barbárie se faz com o direito. Daí, se há esperanças pontuais na atuação do jurista e do Direito Administrativo – e este livro se põe a afirmá-las –, a potência crítica desta obra também encaminha a esperança maiúscula para outro campo, materialmente determinante e cuja crítica, portanto, é mais decisiva: a sociedade. Está no modo de produção e nas dominações múltiplas que lhe são coesas o problema; em sua transformação está a solução.

Acompanho de há muito a trajetória de Luis Manuel Fonseca Pires. Magistrado exemplar e justo, cuja judicatura é realizada com grande sentido de responsabilidade e sensibilidade social, professor de direito de entusiasmo e importantes qualidades didáticas, é intelectual de valioso relevo para o direito contemporâneo, transbordando seu conhecimento para vários campos como da ciência política, da filosofia e outros temas da humanidade. Este livro, ora publicado, é, originalmente, sua Tese de Livre-Docência defendida e aprovada por unanimidade junto à Faculdade de Direito da Pontifícia Universidade Católica de São Paulo, no ano de 2020. Fui seu examinador nesta banca e pude atestar as ímpares qualidades intelectuais, curriculares e didáticas de que é portador e ainda também, de modo muito patente, suas especiais qualidades humanas.

Este livro que o leitor tem em mãos é uma obra fundamental para a compreensão e a crítica do Direito Administrativo, do Direito, do Estado e da política. Acima disso, são páginas de ciência a enfrentar as agudas urgências por uma outra sociedade.

Alysson Leandro Mascaro
Professor da Faculdade de Direito da USP

APRESENTAÇÃO

Estados de exceção: a usurpação da soberania popular, por meio do qual Luis Manuel Fonseca Pires obteve o título de livre docente em Direito Administrativo pela Pontifícia Universidade Católica de São Paulo, realizou, com acurado rigor científico, uma incursão multidisciplinar nos estados de exceção, expressão no plural cunhada pelo autor em razão das características contemporâneas da exceção: fantasmagórica, ao não se assumir como tal nem ser uniforme, dissimulada, ao recursar seu viés antidemocrático e fragmentada, ao minar, em intensidades variadas, os âmbitos da vida democrática.

À proposta transdisciplinar entre filosofia e ciência políticas e da história e, em especial, do Direito Administrativo, amalgamam-se incursões empíricas relativas à exceção. Destaque-se, nesse contexto, que os discursos performáticos e disruptivos do soberano que se comunica em rede, acuradamente examinados pelo autor, são acompanhados de uma preocupante ressalva que permeia e confere relevância aos enfoques zetéticos e dogmáticos: a contemporânea condescendência social com os estados de exceção, legitimando-os.

Precedidas de notas relativas à soberania desde a sua acepção clássica até a contemporaneidade, o autor constata que o populismo, o neoliberalismo e os estados de exceção são, respectivamente, formas político-social, político-econômica e político-jurídica de autoritarismo. Referidos eixos permitirão apontar, acuradamente, a contradição entre o neoliberalismo, de um lado, e a soberania popular e a democracia, de outro e, ainda, compreender a circulação de afetos como elemento essencial para compreensão da organização política da sociedade, bem como elemento constitutivo e identitário dos estados de exceção.

A análise realizada pelo autor é antecedida, igualmente, de aprofundada sistematização teórica da exceção, encampando, em especial, aquela construída por Carl Schmitt, mas sem desconsiderar, por exemplo, a leitura diversa conferida ao mesmo fenômeno por Giorgio Agamben. A justificativa da escolha do referencial teórico smithiano foi a de que a chave de interpretação por ele formulada a respeito do deslocamento do poder soberano, do povo a quem toma para si a possibilidade de decidir as exceções, reside na tensão entre a política e o Direito.

A relação entre política e Direito nos estados de exceção ocorre por servidão voluntária ao restar consignado pelo autor que o domínio do Direito pelos estados de exceção, na contemporaneidade, mais do que subjugá-lo, exige-lhe elevada colaboração, o que ocorre espontânea e docilmente. Portanto, mais do que instrumento à execução e realização do desejo político, nos moldes schmittiano, o Direito, no âmbito dos atuais estados de exceção, confere racionalidade e coerência, isso tudo para fins de busca de legitimidade da exceção.

Adotando como ponto de partida a teoria hobbesiana, segundo a qual o medo da morte representa o sentimento mobilizador da partida do estado de natureza para um estado civil – e, portanto, de formação do próprio Estado –, o autor conclui que o autoritarismo atual resulta da intensa mobilização de afetos, dentre os quais se incluem medo, ódio, ressentimento, decepção, raiva e angústia, todos eles capturados pelo soberano mediante narrativas pretensamente racionais e legitimadoras da imposição de mecanismos de segregação e violência, em prejuízo da pluralidade e da tolerância.

Ainda quanto à temática entre vontade política e Direito, e levando em consideração a premissa de que os estados de exceção recorrem a narrativas persuasivas e complexas justificadoras da opressão, o autor é lapidar ao concluir que o Direito, se não resiste à vontade política autoritária, serve voluntariamente a ela. Por essa razão, a servidão voluntária é, para o autor, a chave de interpretação do papel do Direito nos estados de exceção.

APRESENTAÇÃO

Não são raras as afirmações de que vivenciamos a concretização plena do Estado de Direito. Entretanto, o Estado de Direito é um projeto humano e político, uma concepção abstrata que nunca se realizou completamente em nenhuma sociedade histórica conhecida. Mesmo após as inegáveis conquistas das revoluções liberais dos séculos XVIII e XIX, que marcaram, em linhas gerais, o fim do absolutismo monárquico e consolidaram os ideais iluministas, a presença do Estado autoritário não deixou de existir nos períodos subsequentes.

Entretanto, é notória a resistência ao trato da questão no Direito Público e, em especial, no Direito Administrativo, o que decorre da forte influência, ao menos no meio jurídico latino-americano, do positivismo analítico de origem kelseniana que, não aceitando a aplicação do direito posto ao caso concreto como objeto passível de trato racional pela ciência jurídica, deixa de reconhecer a decisão de exceção como indagação jurídica relevante. Ademais, não se pode negar a existência, entre nós, da arraigada ideia de *puissance publique*, antecedente à perspectiva duguitiana de serviço público como vetor da função administrativa, segundo a qual o Direito Administrativo é o ramo do direito voltado, essencialmente, ao fortalecimento do poder do Estado em detrimento dos administrados.

O regime jurídico-administrativo e, em especial, a visão do Direito Administrativo como o conjunto de poderes do Estado em detrimento do administrado, ensejou visões equivocadas e forte resistência ao estudo científico da exceção. Na contramão, Luis Manuel Fonseca Pires vem superar referidas deficiências. Resgatando os antecedentes da sua formação na França do século XIX – muito mais inclinada ao autoritarismo do que à limitação do poder e proteção dos cidadãos – conclui que os fundamentos do Direito Administrativo – quais sejam: função administrativa, regime jurídico administrativo e interesse público – podem frustrar as expectativas que anunciam em suas formulações teóricas se forem instrumentalizados para servir, voluntariamente, à vontade política autoritária especialmente através de políticas públicas reacionárias na cultura e na educação, ausência de transparência, poder de polícia no encalço de inimigos e utilização da discricionariedade administrativa para fins de ocultação de vontades políticas autoritárias.

Ao constatar que os estados de exceção fragilizam, gradualmente, os espaços e sentidos da democracia, bem como espaços públicos da educação, cultura, direitos fundamentais tais como liberdade de expressão e princípios inerentes ao Estado democrático de Direito e à organização político-administrativa, tais como independência dos poderes, a obra assume destacada posição entre aquelas que analisam o autoritarismo na contemporaneidade. Do mesmo modo, a obra, seguramente, se colocará como relevante fonte de inspiração para a resistência ao autoritarismo que se alastra no Brasil atual e que vem sufocando, em simulacro, a soberania popular, bem como os instrumentos democráticos e republicanos, os direitos fundamentais e, numa escala mais ampla, a própria coesão social e o sentimento de pertencimento.

Por fim, a obra confirma a tendência já existente nas obras anteriores do autor de, sem favor nenhum, se inscrever como um dos mais relevantes juristas brasileiros de sua geração.

Pedro Estevam Alves Pinto Serrano
Professor de Direito Constitucional e de Teoria do Direito na Graduação, no Mestrado e no Doutorado da Faculdade de Direito da PUC/SP

NOTA DE ESCLARECIMENTO

Este livro decorre da minha tese de livre-docência apresentada, em dezembro de 2020, ao Departamento de Direito Público da Faculdade de Direito da Pontifícia Universidade Católica de São Paulo.

Parti de uma perspectiva de leitura transdisciplinar entre filosofia e ciência políticas, história e direito, e, com a oportunidade de publicação que a editora Contracorrente me proporcionou, revisei o texto, fiz ajustes que me pareceram necessários para ampliar este diálogo e o espectro de leitores além do campo jurídico. Interessa-me a interlocução com leitores, independentemente de suas formações, preocupados com o perigoso e persistente encaminhamento ao autoritarismo que o nosso país tem avançado a passos largos.

A minha expectativa é de algo contribuir à conscientização do grave processo em curso de formação de estados de exceção (sim, no plural, e ao longo do livro explico a razão) no Brasil, sugerir e reforçar chaves de interpretação que possam colaborar, a quem preza a democracia, à resistência e confronto a regimes autoritários que usurpam a soberania popular.

INTRODUÇÃO

Conflitos entre a política e o direito são uma constante em todas as democracias do século XX e atravessam o início deste milênio. Mas política e direito são necessários ao equilíbrio da organização política da sociedade. Neste cenário, a partir do fim da 2ª Guerra Mundial, as Constituições nacionais assumiram um novo papel: o de elemento moderador desta tensão.

A Constituição e os valores nela anunciados, direitos e deveres afirmados, passaram a representar, para os modelos de Estados ocidentais, mais uma função: a de preservação da civilidade necessária a nortear a vida social. Não por acaso, as ditaduras que se instalaram na América Latina na segunda metade do século XX imediatamente suspenderam a eficácia ou revogaram as Constituições em vigor porque a violência institucional, a brutalidade contra opositores políticos, os ataques sistemáticos contra a educação, a cultura e a liberdade de imprensa e o desprezo pela democracia são incompatíveis com qualquer ordem constitucional.

A Constituição da República Federativa do Brasil de 1988, promulgada após vinte e um anos de um regime ditatorial militar, foi uma conquista. O desejo de um novo tempo: respeito à dignidade da pessoa humana, aos valores sociais do trabalho e da livre iniciativa, pluralismo político, anseio de alcançar uma sociedade livre, justa e solidária, erradicar a pobreza, e outros tantos direitos individuais e sociais. Um conjunto de ideias políticas, econômicas e sociais. Uma *ideologia constitucional* anunciada:

valores éticos e princípios de proteção do cidadão. Mas, esta nova ordem exige respeito. O alto preço da possibilidade de a Constituição ser desprezada sempre esteve subentendido: o risco da incivilidade, a volta à barbárie. A democracia violentada, o poder do povo usurpado.

Política e direito, mediados pela Constituição, devem conter-se em seus espaços. Por isto que a sobreposição de *vontades políticas* ao direito, além dos limites da Constituição, instala o que se denomina *estado de exceção*. Ou, na contemporaneidade, no plural: *estados de exceção* – porque o autoritarismo não se apresenta, como no passado, monolítico, fisicamente identificável com signos especialmente constituídos a servirem como imagens publicitárias orgulhosamente assumidas pelo regime de exceção; o autoritarismo contemporâneo é fantasmagórico, dissimulado, fragmentado. Os estados de exceção são os confrontos autoritários e sistemáticos contra a ideologia constitucional. Carl Schmitt (1888-1985), jurista alemão e principal teórico do estado de exceção, deixou claro, ao defender este modelo político, que a *vontade política* antecede, lógica e cronologicamente, ao direito. Mas os flertes autoritários da vontade política sobre o direito produzem efeitos devastadores à democracia:

(i) a soberania é deslocada do povo (suposto detentor do poder, como se afirma no art. 1º, parágrafo único, da Constituição de 1988) para quem na prática decide sobre o imprevisível, quem define os estados de exceção. Exemplo é o projeto de lei do Ministério da Justiça, apresentado em 2018, no qual se pretendia redefinir a vida (valor constitucional) apequenando-a diante de ressignificações da legítima defesa (*escusável medo, surpresa ou violenta emoção*).[2] A soberania popular da escolha da vida como eixo central de proteção na Constituição encontrou o risco de ser reescrita por uma vontade política que se lançou sobre o Direito Constitucional.

(ii) as exceções e a consequente suspensão da ordem constitucional apenas ocorrem pela construção da equação amigo-inimigo. É preciso

---

[2] MEDEIROS, Felipe Rocha. "O projeto de Lei Anticrime e a legítima defesa policial", *Canal ciências criminais*, 2019. Disponível em: https://canalcienciascriminais.jusbrasil.com.br/artigos/671804572/o-projeto-de-lei-anticrime-e-a-legitima-defesa-policial. Acesso em: 13.01.2021.

INTRODUÇÃO

um inimigo a combater. Tal como ocorreu na Bienal do Rio de Janeiro, em 2018, com a ordem municipal de restrição à circulação de uma revista na qual aparecia a imagem de um beijo entre duas pessoas do sexo masculino.[3] Desconsiderou-se que a Constituição veda a censura, promove o pluralismo, combate a discriminação, afirma a laicidade, sem espaço à prevalência de vontades políticas movidas por uma singular visão de mundo. Mas Carl Schmitt nunca dissimulou o peso deste combate ao "inimigo interno": *Protego ergo obligo*: protejo, logo obrigo. O autoritarismo ocupa o espaço da liberdade.

(iii) a normalização dos estados de exceção promove a estética da violência. A violência que se institucionaliza em órgãos estatais e difunde-se por políticas públicas contribui à formação social do culto da vingança (como diz o filósofo Paul Ricoeur, "justiça pelas próprias mãos" é uma contradição em termos, não é justiça, apenas vingança).[4] O prazer por cenas de morte e tortura, sádico desejo de destruição disfarçado de combate ao "inimigo", viraliza em redes sociais (*facebook*, *whatsapp*). Afinal, se um Governador de Estado pode dizer que acertará uma bala na cabeça de inimigos, de que vale a Constituição?[5] Se uma ministra de Estado trata opositores políticos como o "cão" (referência religiosa demoníaca), qual é o sentido dos valores constitucionais?[6] Um menino torturado durante quarenta minutos por seguranças privados porque supostamente tentou subtrair algumas barras de chocolate num supermercado é

---

[3] ROUVENAT, Fernanda; TORRES, Lívia; VON SEEHAUSEN, Lucas. "Livro que Crivella mandou recolher se esgota na Bienal do Rio", *G1 Rio e TV Globo*, 2020. Disponível em: https://g1.globo.com/rj/rio-de-janeiro/noticia/2019/09/06/livro-que-crivella-mandou-recolher-se-esgota-na-bienal-do-livro-do-rio.ghtml. Acesso em: 13.01.2021.

[4] RICOEUR, Paul. *O justo 2*. Trad. Ivone C. Benedetti. São Paulo: WMF Martins Fontes, 2008, p. 251 e seguintes.

[5] "Wilson Witsel: 'A polícia vai mirar na cabecinha e fogo'", *Veja*, 2018. Disponível em: https://veja.abril.com.br/politica/wilson-witzel-a-policia-vai-mirar-na-cabecinha-e-fogo/. Acesso em 13.01.2021.

[6] "'Não podemos subestimar o cão', diz Damares sobre volta da esquerda ao poder", *Último segundo*, 2019. Disponível em: https://ultimosegundo.ig.com.br/politica/2019-10-12/nao-podemos-subestimar-o-cao-diz-damares-sobre-volta-da-esquerda-ao-poder.html. Acesso em: 13.01.2021.

evento que apenas completa este mosaico.[7] O culto social da violência encontra um mecenas: o Estado.

A naturalização da violência por declarações de agentes públicos ou por políticas públicas impulsiona uma nova ordem sociocultural: a *estética da violência*. Apoiada na intolerância e cisão social cada vez mais profundas, interdita-se o diálogo (a soberania não pertence mais ao povo, mas a quem define a nova ordem), intensificam-se os mecanismos de controle social da liberdade, o autoritarismo conquista seu espaço, a democracia deixa o cenário, e a Constituição torna-se uma figura de linguagem.

Com essas considerações iniciais, alguns outros esclarecimentos são necessários à compreensão do percurso que pretendo traçar: (i) ao usar a palavra "Direito" com letra maiúscula, a partir deste momento, pretendo me referir (i.a) ao conjunto de textos normativos, da Constituição às normas mais inferiores da gestão pública, o que compreende tanto atos legislativos, judiciais, quanto, principalmente, os atos da função administrativa ou, em outras palavras, textos normativos que inauguram a ordem jurídica (Constituição e leis), como a sua interpretação e aplicação (decisões judiciais e atos administrativos), e ainda me refiro (i.b) à ciência do direito, isto é, às diversas áreas da ciência jurídica que se dedicam a compreender o fenômeno jurídico, tanto pela teoria geral quanto por áreas específicas, como o Direito Penal, o Direito Constitucional, o Direito Administrativo e outras; (ii) são diversas as referências históricas consideradas neste estudo, mas há um conjunto delas que se delimita no espaço e no tempo com um propósito específico, o de evidenciar a contemporânea escalada dos *estados de exceção* no Brasil, o que ocorre a partir do primeiro ano – 2019 – de novas administrações públicas eleitas, tanto na esfera federal quanto nos Estados federados, que se alinharam e inauguraram um novo tempo no Brasil – um tempo, pretendo sustentar, de fortes investidas de *estados de exceção* –, e porque

---

[7] MAIA, Dhiego. "Menino torturado em mercado de SP é analfabeto, usuário de crack e filho de mãe alcoólatra", *Folha Uol*, 2019. Disponível em: https://www1.folha.uol.com.br/cotidiano/2019/09/menino-torturado-em-mercado-de-sp-e-analfabeto-usuario-de-crack-e-filho-de-mae-alcoolatra.shtml. Acesso em: 14.01.2021.

INTRODUÇÃO

se trata do primeiro ano de gestões públicas com este matiz, no qual predomina a sobreposição de vontades políticas ao Direito, ano de formação da base autoritária que se arremete contra a soberania popular e a democracia. Ao me referir a estes eventos, utilizarei, com destaque, a expressão *no Brasil em 2019*.

Ainda me parece importante enfatizar que este estudo parte de uma proposta transdisciplinar. Os três primeiros capítulos cuidam de temas conhecidos pelo Direito, mas que foram e são objetos de análise da filosofia e ciências políticas e da história: soberania, democracia e estado de exceção. A leitura que proponho deste temário é transversal. O quarto capítulo, por sua vez, trata especificamente do Direito Público em servidão voluntária nos estados de exceção.

Por último, entendo ser relevante adiantar que defendo, neste estudo, três ideias principais:

a) o estado de exceção contemporâneo é fragmentado, daí porque seja melhor denominá-lo de *estados* de exceção. Os regimes autoritários que, na atualidade, encontram-se pelo mundo dificilmente espelham os modelos clássicos de governo totalitário do início do século XX, as conhecidas referências históricas como o fascismo italiano ou o nazismo alemão. O autoritarismo deixou o uniforme, o emblema, a saudação caricata revestida de falas e gestos encenados, tornou-se menos visível, mas não menos violento contra a sociedade. O estado de exceção contemporâneo apresenta-se por outras formas: afirma-se com intensidade, espraia seus domínios, em alguns campos – normalmente, educação e cultura –, avança e recua de modo cíclico sobre outras áreas – liberdade de expressão, transparência e prestação de contas do Poder Público e seus agentes –, simula ser democrático porque, aparentemente, estaria à disposição para o diálogo em outras searas – como a econômica, ao ouvir empresários (dificilmente os empregados). O estado de exceção contemporâneo que se assoma sobre a sociedade faz-se fragmentado, ora escondido, outras vezes camuflado sob pantomimas democráticas, e, sistematicamente, sufoca a soberania popular para logo depois a deixar respirar um pouco. O estado de exceção instala-se para, em seguida, parecer regredir, mas dissimula, porque a seguir se lança com mais vigor e faz vergar a esperança de uma real democracia – poderia o estado de exceção do século XXI apresentar-se com uma referência bíblica-mitológica: *"Legião é o meu nome, porque somos muitos"*. Pode-se denominá-lo, e farei assim a partir deste momento, mesmo pensando em apenas um único país e sob um determinado governo, de *estados de exceção*;

b) a *circulação de afetos* é elemento constitutivo e identitário dos estados de exceção: a teoria do estado de exceção desenvolvida por Carl Schmitt não conferiu destaque aos afetos, mas as análises mais contemporâneas, da psicanálise, sociologia, história à filosofia e ciência políticas, ao cuidarem da vida política (sem particularizar o estado de exceção), enfatizam a importância dos afetos à compreensão da organização política da sociedade. Thomas Hobbes, autor clássico do século XVII, foi o precursor da sistematização desta ideia, especialmente ao tratar do *medo* como afeto central à formação do estado civil. E a sua interpretação atravessou os séculos para ser reconhecida, nos dias atuais, como indispensável recurso à compreensão do fenômeno político no século XXI, e neste estudo particularizo sua importância à análise dos *estados de exceção*;

c) a relação entre política e Direito nos estados de exceção ocorre por servidão voluntária: a premissa de Carl Schmitt ao tratar do estado de exceção é a ideia de que a vontade política domina e determina o Direito. Era mais do que suficiente, ao seu tempo, pensar deste modo para compreender o estado de exceção – fosse para defender este modo de operar-se o vínculo da política com o Direito, tal como fez Carl Schmitt, ou para criticá-lo, o que passou a acontecer em escala, sobretudo depois do fim da 2ª Guerra Mundial. Mas, no século XXI, é preciso encorpar o arcabouço crítico em razão do caráter fragmentado e dissimulado do autoritarismo. Os estados de exceção do terceiro milênio necessitam de um espírito de maior contribuição do Direito. Em nosso tempo, a vontade política não age apenas para submeter o Direito, mas, antes, conta com a sua espontânea adesão. Nos estados de exceção, o Direito é cooptado pela vontade política, e a ela serve docilmente. Ao tempo de Carl Schmitt, o estado de exceção estabelecido não precisava tanto da racionalidade do discurso jurídico (contava com a sua adesão, mas em menor intensidade); instalado o estado de exceção (como aconteceu com a Alemanha de Adolf Hitler, a Itália de Benito Mussolini, a

INTRODUÇÃO

Espanha de Francisco Franco, Portugal de Antônio Salazar, o Brasil de Getúlio Vargas durante o "Estado Novo", e tantos outros), o Direito era instrumento à execução e realização do desejo político (um grau de consentimento diferente do que é preciso nos dias atuais). Apesar da forte inclinação do mundo, sobretudo nos últimos anos, ao autoritarismo na ordem política à extrema-direita, com o ressurgimento da ampla circulação de discursos racistas, sexistas, homofóbicos, xenofóbicos, ainda assim os estados de exceção precisam agir de modo distinto do que se operava há um século. Os estados de exceção contemporâneos precisam do Direito em fiel submissão, participação ativa, adesão franca, porque o Direito confere um verniz de *racionalidade*. O Direito, onde se instalam os estados de exceção nos dias atuais, é necessário para elaborar alguma aparência de coerência (preocupação ausente no passado), um sentido lógico qualquer, a produção de uma narrativa – mesmo falsa – de legitimidade. Para conseguir existir e sobreviver na atualidade, os estados de exceção não podem simplesmente subjugar o Direito, precisam dele como parceiro, *voluntariamente a serviço* e com amor à causa. Perceber e compreender esta realidade é fundamental ao pensamento crítico para desarticular o autoritarismo contemporâneo, uma alternativa para despertar a consciência de resistência e resgatar o Direito ao local em que deveria estar, o de contenção e de definidor de limites à vontade política.

Capítulo I
CAMINHOS DA SOBERANIA

Soberania é o ponto de partida para compreender o estado de exceção na história e os estados de exceção na contemporaneidade. Conhecer seu percurso a partir do Renascimento e por toda a Idade Moderna (final do século XV até 1789) permite entender traços de uma origem que a marcam, fissuras não completamente superadas, características que contribuem à compreensão dos seus desvios e desvarios na atualidade, na qual governos como o de Donald Trump nos Estados Unidos da América, Viktor Orban na Hungria, Rodrigo Duterte nas Filipinas, Daniel Ortega na Nicarágua, e Jair Bolsonaro no Brasil, em nome do povo, afrontam recorrentemente os fundamentos da democracia.

Jean Bodin (1530-1596), autor renascentista, jurista e político francês, é a referência inicial. Define "república" como o *"(...) reto governo de vários lares e do que lhes é comum com poder soberano"*. Um conjunto de famílias sob uma autoridade. A soberania alcança condição, em seu pensamento político, de fundamento principal à constituição do Estado ("República" era o nome, em seu tempo, da organização política que hoje denominamos Estado), e por isto deve ser um *"(...) poder absoluto e perpétuo de uma República"*. Sem limites. Não há responsabilidades, não existe restrição temporal, nada pode conter a potência da soberania.[8]

---

[8] BODIN, Jean. *Os seis livros da República*. Trad. José Carlos Orsi Morel. São Paulo: Ícone, 2011, p. 71, pp. 195-198.

Mas faço uma breve suspensão da minha narrativa sobre a soberania porque acredito necessário esclarecer outros sentidos atribuídos à palavra "República" no curso da história. Mesmo brevemente, para não me distanciar do fio condutor – a soberania –, algumas palavras precisam ser ditas. Uma síntese que me parece adequada é a das historiadoras Lília M. Schwarcz e Heloísa M. Starling: herança dos elementos que compunham a palavra *politeia* na Grécia Antiga, o seu significado era de uma comunidade política formada por homens livres, uma ideia em oposição à *tirania* que representava a forma de governo na qual um ou mais homens governavam de acordo com a sua vontade. Era utilizada tanto para se referir à relação entre governo e governados, como para se referir a "uma vida livre entre iguais", e *"(...) foi essa ambiguidade de sentidos que Cícero (106-43 a.C.) conservou ao traduzir politeia para res publica"*, isto é, *"(...) uma forma política de resistência e de prevenção às tiranias iniciadas por volta de 509 a.C. com a expulsão do último rei, Tarquínio, o Soberbo, e que se encerrou com o principado de Augusto, a partir de 27 a.C."*. O termo "República", na Roma Antiga, significava a administração capaz de atender às expectativas do povo e, num sentido mais amplo, *"(...) um tipo de comunidade de natureza política em que as pessoas se agregam em vista do bem, do direito e do interesse comuns"*. Instituições que associam justiça e liberdade, esta foi a mensagem constituída na Idade Antiga. A mensagem que ficou foi a importância da política e da participação do cidadão na vida pública. No século XVII, contextualizam as historiadoras, a palavra "República" é introduzida no Brasil pela visão da metrópole para denominar a gestão administrativa em vilas e cidades, mas, na primeira metade do século XVIII, um novo significado é agregado, "sedição": republicanos são os colonos armados que se reúnem contra a ordem pública. Entre 1860 e 1889, o termo "República", no Brasil, reduziu-se para significar simultaneamente: (i) forma de governo que o seu contrário não é a tirania dos antigos, mas a monarquia, e (ii) sinônimo de democracia.[9] A respeito da passagem da Idade Moderna ao início da Idade Contemporânea, o cientista político John Keane acrescenta que *"(...) o pensamento*

---

[9] SCHMITT, Carl. *Teologia política*. Trad. Elisete Antoniuk. Belo Horizonte: Del Rey, 2006, pp. 11-12, 16-17.

CAPÍTULO I - CAMINHOS DA SOBERANIA

republicano teve o efeito não intencional de impelir o mundo europeu na direção da democracia representativa".[10]

 De volta ao tema central deste capítulo, a *soberania*, se a sociedade necessita de leis (pois sem elas haveria o caos), o soberano deve ditá-las. Jean Bodin defende a monarquia – uma "República" (leia-se: Estado) monárquica – na qual os limites ao poder soberano não são dados por homens, mas pela *lei divina*. É por isso que não há responsabilidade civil, criminal ou política do soberano. Ele só responde a Deus. O governante (Príncipe) não pode sofrer encargos e condições, pois assim não se teria soberania. Apenas as "leis de Deus ou da natureza" devem limitá-lo. Quem detém a soberania *"(...) pode obrigar todos os seus súditos, mas não pode obrigar a si mesmo"*.[11]

 Ecos dessa raiz da definição de soberania reverberam em nossos tempos. Em outubro de 2018, ao ser anunciado o resultado do segundo turno das eleições presidenciais do Brasil, o candidato eleito, Jair Bolsonaro, em uma de suas primeiras manifestações oficiais, apresentou-se com a bíblia, recitou um versículo, e prometeu: *"Faço de vocês minhas testemunhas de que esse governo será um defensor da Constituição, da democracia e da liberdade. Isso é uma promessa, não de um partido, não é a palavra vã de um homem, é um juramento a Deus"*.[12] A oração Pai Nosso e o hino nacional ressoaram nas comemorações de seus apoiadores.[13] Um ano depois, em novembro de 2019, o presidente eleito anunciou que deixaria seu partido com o objetivo de criar um próprio, a Aliança pelo Brasil, e nas palavras de seu filho e deputado federal, Eduardo Bolsonaro,

---

[10] KEANE, John. *Vida e morte da democracia*. Trad. Clara Colloto. São Paulo: Edições 70, 2010, p. 207.

[11] BODIN, Jean. *Os seis livros da República*. Trad. José Carlos Orsi Morel. São Paulo: Ícone, 2011, pp. 203-209.

[12] CHAGAS, Tiago. "Bolsonaro fala à nação, cita a Bíblia e revela que sentiu 'a presença de Deus' na campanha", *Gospel Mais*, 2018. Disponível em: https://noticias.gospelmais.com.br/bolsonaro-nacao-biblia-presenca-deus-103981.html. Acesso em 15.01.2021.

[13] "'Pai Nosso' e Hino Nacional são entoados na comemoração de Bolsonaro na Av. Antônio Sales", *O POVO*, 2018. Disponível em: http://blogs.opovo.com.br/politica/2018/10/28/pai-nosso-e-hino-nacional-sao-entoados-na-comemoracao-de-bolsonaro-na-av-antonio-sales/. Acesso em 15.01.2021.

pretendia-se a *"(...) defesa dos valores familiares e cristãos"*.[14] O Estado laico e a diversidade religiosa do povo brasileiro são filigranas. A distância entre Jean Bodin e o nosso tempo parece reduzir-se a um instante: a prestação de contas é a Deus, e não ao povo. O poder é exercido para um "conjunto de famílias" (heterossexual e cristã) sob uma "autoridade". A legitimidade do poder soberano encontra-se, misteriosamente, em alguma força transcendental – mas acrescida de importante detalhe: há pessoas ungidas da capacidade de serem exclusivos intérpretes da vontade divina.

O fenômeno não se restringe ao Brasil nem à orientação ideológica de extrema-direita. Nos Estados Unidos da América, pesquisas indicam que parcela significativa dos eleitores de Donald Trump acreditam que foi Deus quem o elegeu.[15] No mês de maio de 2019, durante a visita a Jerusalém do secretário de Estado americano, Mike Pompeo, ele disse que é "possível" que Donald Trump seja um "enviado de Deus" para salvar Israel das ameaças do Irã.[16] Durante o ano de 2013, o presidente da Venezuela, Nicolás Maduro, quando substituiu o seu antecessor falecido, em busca da construção social de sua legitimidade e capacidade para o exercício do cargo, recorria com frequência à invocação da visão da alma de Hugo Chavez nas paredes do metrô[17] ou na forma de um passarinho.[18] A soberania, não apenas no Renascimento no início

---

[14] "Eduardo Bolsonaro anuncia partido Aliança pelo Brasil", *Terra*, 2019. Disponível em: https://www.terra.com.br/noticias/eduardo-bolsonaro-anuncia-partido-alianca-pelo-brasil,98e9df80e8af05bda7cb6580629de6a9y0bi06to.html. Acesso em 15.01.2021.

[15] "Milhões de americanos acreditam que Deus foi quem elegeu Donald Trump. Um livro surpreendentemente fascinante explica o porquê", *Revista IHU*, 2018. Disponível em: http://www.ihu.unisinos.br/78-noticias/575681-milhoes-de-americanos-acreditam-que-deus-foi-quem-elegeu-donald-trump-um-livro-surpreendentemente-fascinante-explica-o-porque. Acesso em: 15.01.2021.

[16] "Pompeo afirma que Trump "pode ser" enviado de Deus para salvar Israel", *Veja*, 2019. Acesso em: https://veja.abril.com.br/mundo/pompeo-afirma-que-trump-pode-ser-enviado-de-deus-para-salvar-israel/. Acesso em: 15.01.2021.

[17] "Rosto de Chávez apareceu em túnel do metrô de Caracas, diz Maduro", *O GLOBO*, 2013. Disponível em: https://oglobo.globo.com/mundo/rosto-de-chavez-apareceu-em-tunel-do-metro-de-caracas-diz-maduro-10612747. Acesso em: 15.01.2021.

[18] "Maduro diz que Chávez lhe apareceu como 'passarinho' na Venezuela", *G1*,

CAPÍTULO I - CAMINHOS DA SOBERANIA

do século XVI, mas ainda hoje, não se contenta com a vontade do povo. O discurso legitimador do poder recorrentemente fragmenta-se entre povo e uma origem divina. Não importa o que se afirma em Constituições nacionais, a exemplo do art. 1º, parágrafo único, da Constituição da República Federativa do Brasil de 1988 – "Todo o poder emana do povo, que o exerce por meio de representantes eleitos ou diretamente, nos termos desta Constituição" –, a original teoria da soberania do século XV ronda a vida política contemporânea.

Em outras dimensões, o século XXI parece ir além de Jean Bodin, pois a encarnação da soberania na figura de autoridades, a personificação do poder, não era exatamente a defesa desse autor do Renascimento. Para Jean Bodin, como diz a filósofa Marilena Chauí, o soberano não é o governante, mas sim o Estado.[19] O cientista político francês Olivier Nay também realça que a soberania para Jean Bodin é uma "potência absoluta", pois não se divide, e "perpétua" porque resiste às mudanças do tempo, mas *"(...) definitivamente ligado o Estado e a soberania num mesmo corpo doutrinal"*.[20] A soberania escorada na vontade divina que se apresenta no tempo presente é personalizada na figura de autoridades públicas que exercem o que o historiador argentino Federico Finchelstein denomina de "democracia autoritária":

> A adesão a uma democracia autoritária, eleitoral, antiliberal, que rechaça na prática a ditadura. Uma forma de religião política. Uma visão apocalítica da política que apresenta êxitos eleitorais e transformações que essas vitórias eleitorais transitórias possibilitam como momentos revolucionários de fundação ou refundação da sociedade. Uma teologia política por um líder do povo messiânico e carismático.[21]

2013. Disponível em: http://g1.globo.com/mundo/hugo-chavez/noticia/2013/04/maduro-diz-que-chavez-lhe-apareceu-como-passarinho-na-venezuela.html. Acesso em: 15.01.2021.

[19] CHAUÍ, Marilena. *Convite à filosofia*. 14ª ed. São Paulo: Ática, 2012, p. 462.

[20] NAY, Olivier. *História das ideias políticas*. Trad. Jaime A. Clasen. Petrópolis: Vozes, 2007, p. 159.

[21] FINCHELSTEIN, Federico. *Del fascismo ao populismo em la historia*. Trad. Alan Pauls.

Mas retomo os primeiros passos nos caminhos históricos da soberania, a teoria política de Jean Bodin reflete-se nas práticas políticas do Renascimento e início da Idade Moderna (fim do século XV até 1789). O *direito divino dos reis* consolida-se no curso da Idade Moderna: a legitimidade do poder do rei não se encontra no povo, mas na vontade de Deus – em harmonia com a constituição da noção de *soberania* como poder absoluto e eterno do Estado que se faz presente por um monarca que não responde aos seus súditos. Como teria dito Luís XIV, rei da França do século XVII ao início do seguinte, *"o Estado sou eu"*. O *Estado absoluto*, modelo político centralizador que marca a Idade Moderna, encontra alguns traços no século XIII, mas a sua consolidação acontece entre os séculos XVI e XVII.

A ideia política de partir da vontade divina a investidura do poder no líder temporal encontrou na Idade Média a sua formulação teórica com o bispo de Hipona, Agostinho (354 – 430). Mas não havia a noção de *soberania* como discurso aglutinador do poder em torno de uma organização política, o Estado ("República"). Agostinho sustenta uma tese que objetiva, como percebe Olivier Nay, reafirmar a força e a autoridade espiritual da Igreja.[22] O pressuposto de que todo poder temporal deriva de uma origem divina apoia-se no argumento de que o apóstolo Paulo de Tarso, na *Epístola aos Romanos* (13, 1-2), assim o afirmou.

Na Idade Moderna, com a formulação do conceito de *soberania* e a sua prática especular do *direito divino dos reis* sedimenta-se o Estado absolutista. O momento era conveniente. A palavra "Estado" passa gradativamente a ser usada para definir as formas de organização política que se apresentam a partir do século XVI. Diversos fatores e elementos conjunturais concorrem à constituição do *Estado moderno* (o Estado absolutista na Idade Moderna): (i) o embate entre a Igreja e o Sacro Império Romano-Germânico; (ii) a servidão (relação entre senhor feudal e servo da terra) começa a desgastar-se em razão das rebeliões camponesas cada vez mais frequentes; (iii) os senhores de terras, por conta dos conflitos

---

Nova York: Taurus. Penguin Random House Grupo Editorial, 2019, posição 1.803.

[22] NAY, Olivier. *História das ideias políticas*. Trad. Jaime A. Clasen. Petrópolis: Vozes, 2007, p. 77.

CAPÍTULO I - CAMINHOS DA SOBERANIA

rurais, desejam aprimorar o aparelho repressivo, o que os leva a consentirem com o desenvolvimento de exércitos nacionais, o que, por sua vez, implica centralização das decisões para a solução de conflitos e a necessidade de ampliação da coleta de impostos.

Uma das preocupações dos reis foi definir a independência do poder temporal diante da Igreja, o que encontrou apoio (i) na *teoria do direito divino dos reis* segundo a qual o exercício do poder monárquico seria outorgado diretamente por Deus para cada soberano, e (ii) na noção de *soberania* como autoridade absoluta e perpétua do Estado, exercida pelo rei, sem limites além dos que são definidos – e para quem se responde – por Deus e pela natureza. Sem a dependência da anuência da Santa Sé, tal como decorria da *teoria dos dois gládios* durante a Idade Média.

De um modo geral, pode-se sintetizar a consolidação da monarquia absolutista por uma conjunção de diversos fatores, dentre eles os mais destacados: (i) tentativa de *desmilitarização da nobreza* para enfraquecer a relação de suserania e vassalagem (as revoltas no campo) e fortalecer o poder do rei; (ii) desenvolvimento do *capitalismo comercial* e consequente *aproximação da burguesia ao núcleo do poder*; (iii) *controle temporal sobre o clero*; (iv) surgimento das grandes navegações e os processo de *colonização*.

A unificação geopolítica da França, no final do século XV, ilustra, para o historiador italiano Aurelio Musi, *"(...) a superioridade de um poder, já não baseado nas antigas relações cavalheirescas, mas nos mais modernos princípios da soberania monárquica, garante da unidade do território"*. A "legitimação dinástica" promove a unificação política do território. A força da dinastia legitima o poder. Realça o historiador que, na Inglaterra, desenvolve-se a *teoria dos dois corpos do rei*: além do seu corpo natural, mortal, que envelhece e morre, o soberano *"(...) é dotado de um corpo político incorruptível, não sujeito a envelhecimento, doença ou morte"*. Neste segundo corpo é que se encontra a essência da soberania. Sintetiza Aurélio Musi as principais características originárias do Estado moderno europeu, tanto nos principados italianos quanto nos principais Estados europeus do século XV: (i) titularidade do poder concentrada cada vez mais na pessoa do soberano; (ii) força legitimadora do princípio dinástico; (iii) delegação do poder a pessoas próximas ao rei, mas sem a necessidade de serem de sua família; (iv) diplomacias e exércitos profissionais, e neste particular a aristocracia não pode pôr-se em concorrência com a monarquia, deve aceitar prestar o serviço das armas no exército do rei, ao lado da infantaria de origem camponesa.[23] Registro também a difundida interpretação do historiador inglês Perry Anderson ao defender que *"(...) o Estado absolutista nunca foi um árbitro entre a aristocracia e a burguesia, muito menos um instrumento da burguesia nascente contra a aristocracia: foi a nova carapaça política de uma nobreza ameaçada"*. Mas Perry Anderson reconhece o desenvolvimento próprio da burguesia comercial. As formações sociais nesta época, diz ele, foram uma combinação dos modos de produção feudal e capitalista com uma burguesia urbana em ascensão e uma crescente acumulação primitiva de capital em escala internacional. Foi o período de consolidação da propriedade privada.[24]

O historiador Fernando A. Novais realça o vínculo entre o centralismo político absolutista e o capitalismo comercial no enfraquecimento do modo de produção servil e promoção da expansão marítima pela colonização:

> O revivescimento do comércio – isto é, a instauração de um setor mercantil na economia e o desenvolvimento de um setor urbano na sociedade – pode promover, de um lado, a lenta dissolução dos laços servis, e de outro lado, o enrijecimento da servidão. (...) o desenvolvimento da economia mercantil (...) na medida em que se expande, agrava as condições da servidão – e no limite promove as insurreições camponesas. (...)
>
> No quadro geral dessas tensões, e em função delas, é que se processou a formação dos Estados nacionais. A formação das monarquias absolutistas (unificação territorial, centralização política) foi de fato uma resposta à crise; ou melhor, foi o encaminhamento político das tensões de toda ordem. Efetivamente,

---

[23] ECO, Umberto. *Idade Média*: explorações, comércio e utopias. vol. 4. Trad. Carlos Aboim de Brito e Diogo Madre Deus. Alfragide: Dom Quixote, 2015, pp. 28-29, 30-31.

[24] ANDERSON, Perry. *Linhagens do Estado Absolutista*. Trad. Renato Prelorentzou. São Paulo: Editora Unesp, 2016, pp. 19 e 472.

CAPÍTULO I - CAMINHOS DA SOBERANIA

> o Estado centralizado, de um lado, promove a estabilização da ordem social interna (num novo equilíbrio das forças sociais, agora subordinadas ao rei), de outro, estimula a expansão ultramarina encaminhando a superação da crise nos vários setores.[25]

O cientista político Luís Felipe Miguel contextualiza ainda outras ideias e práticas políticas do início do século XVI que igualmente colaboraram à constituição do Estado Moderno: *O Príncipe* e *Os Comentários sobre a primeira década de Tito Lívio,* de Maquiavel, produzidos em 1513, a *Utopia* de Thomas More, em 1516, e a Reforma Protestante que se iniciou em 1517 quando Lutero publicou suas 95 teses sobre a venda de indulgências. Estes eventos contribuíram, sustenta ele, para autonomizar a política da religião. Maquiavel, por seu realismo político – do qual tratarei adiante. O pensamento utópico de Thomas More, porque a organização da sociedade por ele criada é produto dos homens e mulheres, não da força de Deus. Quanto à Reforma Protestante, Luís Felipe Miguel recorda que o movimento desencadeado por Martinho Lutero convergiu com os interesses de muitos governantes que acumulavam dívidas com a Igreja, além de permitir o início da formação dos Estados nacionais em decorrência de oporem-se contra o *"(...) domínio espiritual "estrangeiro", Roma"*.[26] Enfraqueceu-se a defesa de uma "cristandade europeia", permitiu-se a formação de "Estados soberanos".

A soberania, essencial à compreensão da formação deste novo modelo de organização política da Idade Moderna, a *Monarquia Absolutista*, terá sua fundamentação da origem do poder deslocada pelas ideias de outro importante pensador, teórico político e filósofo, Thomas Hobbes (1588-1679). Nele, encontramos, a um só tempo, uma novidade, a *origem popular* do poder – não mais a vontade divina –, e o reforço do poder absoluto do rei, inegável contradição: na vontade do povo estaria a força e a razão para, do poder, a sociedade ser alijada.

---

[25] NOVAIS, Fernando A. *Portugal e Brasil na crise do antigo sistema colonial (1777-1808).* 2ª ed. São Paulo: Editora 34, 2019, pp. 80-81.
[26] MIGUEL, Luís Felipe. *O nascimento da política moderna.* Brasília: Editora Universidade de Brasília, 2015, pp. 8 e 68; pp 100-101.

Thomas Hobbes diz que, pela arte, quer dizer, pela criação dos homens, surge um "animal artificial", o *Leviatã* – imagem do monstro bíblico – que se conhece por "República" ou "Estado": *"(...) um homem artificial, embora de maior estatura e força do que o homem natural, para cuja proteção e defesa foi projetado. E no qual a 'soberania' é uma 'alma' artificial, pois dá vida e movimento ao corpo inteiro (...)"*.[27]

Os problemas políticos ao tempo de Thomas Hobbes resultavam, como explica o filósofo estadunidense Stephen J. Finn, de desacordos sobre quem tem a máxima autoridade em assuntos políticos e religiosos, e por isso Thomas Hobbes dedica-se a um método que supostamente pudesse provar as "verdades políticas", e acredita que na geometria encontra a base para a autoevidência de "princípios verdadeiros". Thomas Hobbes vincula-se à concepção materialista: a realidade são corpos físicos que se movem de acordo com leis científicas, e almas são também matéria, o que resulta na constatação de que o comportamento humano não é controlado pelo livre-arbítrio, mas resultado de um processo mecânico de vários desejos. A vontade é um apetite ou aversão causada por fatores além da consciência. Portanto, o estado de natureza não é uma condição histórica, mas consequência do seu método filosófico, no qual se estudam as partes individuais em separado, como o homem, e mesmo as suas partes (apetites, aversões, outros movimentos internos), para alcançar-se o Estado.[28]

O pressuposto da arquitetura do pensamento político de Thomas Hobbes é a condição natural da humanidade no estado de natureza em que os homens são iguais – as diferenças físicas e "de espírito" não são para ele tão significativas, pois, em suas palavras, *"(...) quanto à força corporal o mais fraco tem força suficiente para matar o mais forte, quer por secreta maquinação, quer aliando-se com outros que se encontrem ameaçados pelo mesmo perigo"*. Neste estado de natureza três são as causas da discórdia:

---

[27] HOBBES, Thomas. *Leviatã ou matéria, forma e poder de uma República Eclesiástica e Civil*. Trad. João Paulo Monteiro e Maria Beatriz Nizza da Silva. São Paulo: Martins Fontes, 2008, p. 11.

[28] FINN, Stephen J. *Compreender Hobbes*. Trad. Cesar Souza. Rio de Janeiro: Vozes, 2010, pp. 67-69; 73-75.

CAPÍTULO I - CAMINHOS DA SOBERANIA

competição, desconfiança e glória. Por isso, sem um poder forte a intervir, vive-se em condição de guerra, *"(...) uma guerra que é de todos os homens contra todos os homens"*. Não quer dizer, enfatiza Hobbes, que se vive em guerra civil constante, mas há uma disposição para o enfrentamento. Porque *"(...) todo homem é inimigo de todo homem (...)"*. Neste cenário de iminente conflagração não há lei nem justiça. Mas há paixões que conduzem os homens em *busca da paz*: (i) medo da morte e (ii) desejo das coisas que são necessárias para uma vida confortável e a esperança de obtê-las pelo trabalho. A procura da paz e a defesa de si fazem parte da "lei da natureza", o que leva o ser humano a *"(...) privar-se da liberdade de impedir outro de beneficiar-se do seu próprio direito à mesma coisa"*, ou mais diretamente: *renunciar* ou *transferir* a alguém um direito. Daí propõe: *"A transferência mútua de direitos é aquilo a que se chama 'contrato'"*.[29]

O escopo dessa "República" (Estado), um ser artificial, é promover a segurança a cada indivíduo, o que exige a transferência do direito individual de governar-se para este "Deus mortal" comprometido com a paz e a defesa. A essência do *Leviatã* é por Thomas Hobbes bem definida:

> Uma pessoa de cujos atos uma grande multidão, mediante pactos recíprocos uns com os outros, foi instituída por todos como autora, de modo que ela pode usar a força e os recursos de todos, da maneira que considerar conveniente, para assegurar a paz e a defesa comuns.[30]

Essa "pessoa" é o *soberano*, ele detém o *poder soberano*. Os demais são os súditos. A "República política" ou por *instituição* é a que decorre deste pacto no qual cada indivíduo transfere seus direitos ao soberano. Thomas Hobbes proporciona a narrativa teórico-política para o absolu-

---

[29] HOBBES, Thomas. *Leviatã ou matéria, forma e poder de uma República Eclesiástica e Civil*. Trad. João Paulo Monteiro e Maria Beatriz Nizza da Silva. São Paulo: Martins Fontes, 2008, p. 106, pp. 108-109, 111 e 113-115.

[30] HOBBES, Thomas. *Leviatã ou matéria, forma e poder de uma República Eclesiástica e Civil*. Trad. João Paulo Monteiro e Maria Beatriz Nizza da Silva. São Paulo: Martins Fontes, 2008, pp. 143-147 e 148.

tismo. Pois a consequência desta estrutura é que quem detém o poder soberano não pode ser punido por seus súditos porque cada um é autor dos atos do soberano – a quem se alienaram sem reservas os direitos naturais –, e não haveria sentido castigar alguém por algo cometido por si próprio. A engenhosidade do seu pensamento leva à conclusão de que *"(...) cada súdito é autor de todos os atos praticados pelo soberano (...)"*.[31]

Se Thomas Hobbes deslocou a fonte da soberania de Deus para a humanidade, por outro lado, diz ele, é por vontade dos homens, numa aspiração por paz e segurança, mobilizada pelo medo da morte, que se encontra o motivo e a legitimação da formação de uma pessoa artificial, o Estado, *Leviatã*, porque os homens espontânea e incondicionalmente alienam seus direitos, conferem um poder absoluto e ilimitado a ser exercido por quem o representa, o soberano, alguém que se encontra fora deste pacto de transferência de direitos naturais, destinatário da outorga do poder soberano.

Como diz o cientista político Cícero Romão de Araújo, a perspectiva de Thomas Hobbes é secularista: *"Ele concebe o Estado não como uma entidade de origem divina, mas como um 'artefato' puramente humano, cujo sustento se dá, em última instância, pela vontade e pela razão de seus próprios súditos"*.[32] Porque o estado de natureza é ao mesmo tempo espaço de plena liberdade e terror constante, como diz o historiador e filósofo político francês, François Châtelet.[33] Luís Felipe Miguel lembra ainda que em Thomas Hobbes encontra-se o "paradoxo da igualdade": o pacto social substitui a igualdade na capacidade de fazer mal ao próximo, vigente no estado de natureza, por uma igualdade de impotência dos súditos.[34]

---

[31] HOBBES, Thomas. *Leviatã ou matéria, forma e poder de uma República Eclesiástica e Civil*. Trad. João Paulo Monteiro e Maria Beatriz Nizza da Silva. São Paulo: Martins Fontes, 2008, pp. 148, 152, 182 e 186.

[32] ARAÚJO, Cícero Romão Resende de. *A forma da república*: da constituição mista ao Estado. São Paulo: WMF Martins Fontes, 2013, pp. 210-211.

[33] CHÂTELET, François. *História das ideias políticas*. Trad. Carlos Nelson Coutinho. Rio de Janeiro: Jorge Zahar Editor, 1985, p. 51.

[34] MIGUEL, Luís Felipe. *O nascimento da política moderna*. Brasília: Editora Universidade de Brasília, 2015, p. 163.

CAPÍTULO I - CAMINHOS DA SOBERANIA

Em interessante quadro comparativo com outro notório pensador da Idade Moderna, John Locke (1632-1704), o filósofo Stephen J. Finn analisa a liberdade e a igualdade nesta nova ordem teórica que conduz – é o que há de comum – a soberania de Deus para os seres humanos e busca no pacto a origem e legitimação do poder. John Locke e Thomas Hobbes afirmam que os indivíduos no estado de natureza são livres e iguais, mas o que John Locke pensa por liberdade e igualdade não é o mesmo que Thomas Hobbes. Para Thomas Hobbes, os *"(...) indivíduos são livres para realizar qualquer ação que acreditem favorecer sua autopreservação (...)"*, enquanto para John Locke há limites morais às ações humanas. Thomas Hobbes entende a igualdade como *"(...) um termo descritivo que se refere à igual habilidade para matar os outros (...)"*, John Locke, por sua vez, sustenta que os indivíduos são iguais porque merecem certo tratamento ou respeito. Enfim, para Thomas Hobbes, a igualdade é um termo descritivo, para John Locke um termo prescritivo.[35]

O jurista Alysson Leandro Mascaro enfatiza que Thomas Hobbes é um dos primeiros pensadores a insurgir-se contra o pensamento político aristotélico, pois ao invés de considerar o homem um ser social (*zoon politikon*), quer dizer, por natureza inclinado a viver em sociedade, Thomas Hobbes defende não ser natural ter por fim conviver com outros homens, a vida social é artificial, e somente um pacto explica e permite a organização social. A satisfação dos próprios interesses é o incentivo a firmar o pacto, pois a vida solitária é frágil e o medo se impõe. Como não se pode defender sozinho, os homens se associam. Não há um pendor à vida social, mas reação ao medo.[36]

Thomas Hobbes defende um pacto no qual todos renunciem aos seus direitos naturais com a expectativa de alguém, fora deste compromisso – portanto, detendo poderes ilimitados –, conduzir esta pessoa artificial, o Estado ("Deus mortal", *Leviatã*), com a promessa de proporcionar paz e segurança. Mas há um direito natural inalienável que cada

---

[35] FINN, Stephen J. *Compreender Hobbes*. Trad. Cesar Souza. Rio de Janeiro: Vozes, 2010, pp. 117-118.
[36] MASCARO, Alysson Leandro. *Filosofia do direito*. 2ª ed. São Paulo: Atlas, 2012, pp. 162-172.

indivíduo ainda mantém: o *direito à autopreservação*. A morte – e seu afeto correspondente, o medo – ronda a teoria política de Thomas Hobbes: *"Um pacto em que eu me comprometa a não me defender da força pela força é sempre nulo. Porque (conforme mostrei) ninguém pode transferir ou renunciar ao seu direito de evitar a morte, os ferimentos ou o cárcere (...)"*.[37]

Como percebe Alysson Leandro Mascaro, mesmo o direito à autopreservação não decorre de algum movimento altruísta em defesa do direito natural, mas por proteção pessoal do homem, isto é, há uma forte perspectiva individualista, não social.[38] É com este enfoque que Luís Felipe Miguel endossa a característica do individualismo dessa teoria política: *"(...) o olhar para o indivíduo, cada qual um átomo que explica o todo, e a relação entre indivíduo e sociedade é uma relação externa, e a participação na sociedade não modifica o indivíduo, apenas provoca barreiras à satisfação de seus impulsos"*. Haveria um "individualismo ético": *"(...) o Estado surge para satisfazer as necessidades das pessoas que o compõem, e ao participar do pacto o indivíduo fez um cálculo racional que julgou vantajoso despir-se de seus direitos para obter segurança"*.[39]

Thomas Hobbes é reconhecido como um dos mais destacados teóricos do absolutismo. Mas não é um autor cujas ideias vingaram apenas em seu tempo. Seria um equívoco ler a teoria política de Thomas Hobbes apenas como referência histórica, alguém datado, delimitado à Idade Moderna e às monarquias absolutistas. Tal como é preciso retomar à soberania de Jean Bodin, também à filosofia e teoria políticas de Thomas Hobbes é necessário para melhor compreender o que acontece no presente. Algumas linhas atrás procurei conectar a narrativa da fonte da soberania em Deus com práticas políticas contemporâneas que circulam por diversos países do ocidente, em que pese as suas Constituições afirmarem que o poder pertence e decorre do povo. Com Thomas Hobbes,

---

[37] HOBBES, Thomas. *Leviatã ou matéria, forma e poder de uma República Eclesiástica e Civil*. Trad. João Paulo Monteiro e Maria Beatriz Nizza da Silva. São Paulo: Martins Fontes, 2008, p. 121.

[38] MASCARO, Alysson Leandro. *Filosofia do direito*. 2ª ed. São Paulo: Atlas, 2012, p. 167.

[39] MIGUEL, Luís Felipe. *O nascimento da política moderna*. Brasília: Editora Universidade de Brasília, 2015, p. 164.

CAPÍTULO I - CAMINHOS DA SOBERANIA

acredito relevante perceber e discutir a ideia de um pacto no qual o poder soberano é exercido em nome do povo, mas por alguém fora deste acordo e supostamente legitimado a exercer uma força sem limites e responsabilidades, em nome do medo que atravessa a sociedade, e isso seria argumento suficiente para a alienação de direitos em troca de paz e segurança. Esta ideia política foi renovada no século XX em regime autoritários, e reaparece no século XXI em "democracias autoritárias", expressão cunhada por Federico Finchelstein, referido anteriormente.

Os regimes autoritários que dominaram a paisagem política do século XX em muitas de suas características são a revivescência da teoria política de Thomas Hobbes. Ele sistematizou os elementos que constituem modelos autoritários de organização política em qualquer tempo e cultura: medo, discurso de renúncia de direitos em favor do soberano, uso da força contra o povo, promessa de paz e segurança. Thomas Hobbes permite a *conscientização* das engrenagens do autoritarismo que ronda, aproxima-se e instala-se, manifesta-se enquanto *poder absoluto*. A compreensão desses elementos permite melhor entender a fundação e edificação do poder absoluto, e confrontá-lo. O que se altera substancialmente da época de Thomas Hobbes, a Idade Moderna, para o nosso tempo, a Idade Contemporânea, é o *Estado de Direito* enquanto superestrutura que pode amparar o reaparecimento de *poderes absolutos* muito mais violentos e comprometedores da vida social. Pois, na Idade Moderna, a teoria política do absolutismo era mais franca e direta: o discurso teórico visava explicar a prática de uma *violência institucional*. Não havia rodeios, dissimulações. A fala retratava diretamente o escopo: a institucionalização de um poder ilimitado, irresponsável, apto a usar a violência sempre que necessário. A Idade Contemporânea dificultou o confronto ao poder absoluto porque quando ele se manifesta o faz às escondidas, enfronha-se no próprio Direito, em textos normativos editados para dar apoio ao arbítrio, ou se as normas protegem a soberania popular sofrem interpretações que anunciam o inverso, hermenêuticas que reviram, esgarçam, desdenham as Constituições e leis com elas compatíveis.

Ressurgida e ajustada aos modelos de Estado da Idade Contemporânea, aos *Estados de Direito,* a ideia de um pacto de renúncia de direitos em favor de alguém a encarnar o poder soberano, e que se mantém fora do alcance dos limites desse pacto, é a *perspectiva adotada por agentes públicos autoritários*. A teoria absolutista de Thomas Hobbes encontra novas versões na fala de quem usurpa o poder para exercê-lo autoritariamente. Os tiranos contemporâneos revivem a teoria absolutista conformada ao Direito. O Direito não é um impedimento, mas recurso valioso a permitir a agentes autoritários que camuflem a evidência de suas intenções. O desejo de domínio absoluto do poder conta com o Direito para imergir suas pistas e pegadas, esconder-se nos escaninhos de regras jurídicas, travestir anseios autoritários em intenções nobres, com o uso de "técnicas hermenêuticas".

Diz o filósofo político italiano Norberto Bobbio que *"O poder tem uma irresistível tendência a esconder-se"*.[40] O autoritarismo que se apresentou na Idade Contemporânea, denominado totalitarismo quanto aos modelos europeus da primeira metade do século XX, e as ditaduras latino-americanas da segunda metade, encontraram no próprio Direito o melhor espaço de fuga e ocultamento. Os regimes autoritários que eclodiram a partir do século XX têm em comum a narrativa das suas lideranças políticas de ali se encontrarem *em nome do povo* (soberania popular), que lhes confiou o poder porque há muitos *medos* que singram pela sociedade (medo da violência, do desemprego, do estrangeiro), e, por isso, o povo conta com eles como intérpretes de suas esperanças de *paz* e *segurança,* e para tal propósito agem com poderes e força sem se constrangerem aos mesmos controles, limites e responsabilidades do cidadão comum. Quem dá o suporte narrativo a essa nova forma de *poder absoluto* que se manifesta em nosso tempo é o Direito – do início do século XX aos dias atuais, em graus distintos. Se o Estado de Direito, constituído desde a Revolução Francesa (1789) e por todo o século XIX (principalmente com a Revolução de 1830 na França, que formalmente encerrou o período da Monarquia Absolutista), foi sem dúvida um avanço civilizacional em comparação ao Estado Absolutista, por outro lado é preciso perceber que a ambição humana por poder encontrou no próprio Direito seu novo aliado.

---

[40] BOBBIO, Norberto. *Teoria geral da política. A nova razão do mundo*: ensaio sobre a sociedade neoliberal. Trad. Daniela Beccaccia Versiani. Rio de Janeiro: Elsevier, 2000, p. 387.

CAPÍTULO I - CAMINHOS DA SOBERANIA

Neste ponto outro parêntese me parece essencial. Procuro usar a palavra "autoritário" e suas derivações (autoritarismo, por exemplo) enquanto gênero no qual o "totalitarismo" é uma espécie com elementos históricos – voltarei adiante ao tema ao trazer as ideias de Hannah Arendt –, que se diferencia das "ditaduras" em geral porque estas não apresentam o componente específico, destacado pelo historiador e filósofo francês Claude Lefort, lembrado pelas historiadoras Denise Rollemberg e Samantha Viz Quadrat, de definir um limite jamais atingido, no qual o caráter ideológico tem a pretensão de criar o "homem novo" e um "mundo perfeito", características presentes nos regimes autoritários fascistas e socialistas do início do século XX.[41] Mas é comum a simbiose entre esses termos.

De volta ao tema, as aparências de racionalidade do Direito mostraram-se, nas experiências autoritárias do século XX, um excelente recurso à *institucionalização da violência*: o Estado, em particular o agente autoritário à sua frente, poderia experimentar o poder absoluto sem a inconveniente exposição declarada e assumida de sua intenção.

Na União Soviética, o líder autoritário Joseph Stalin adotou o terror como método de governo e o justificou como necessário a preservar a revolução de seus inimigos internos e externos, como realça o historiador canadense Robert Gellately. Movido pela proposta de coletivização da agricultura, "medidas de emergência" já haviam se iniciado desde 1927 para a expropriação de áreas rurais. Mas, a partir de 1929, Joseph Stalin verbalizou a intenção de "eliminação dos *kulaks* como classe" (camponeses com alguns recursos). A fome era uma constante entre os moradores das áreas rurais e levou ao êxodo urbano, mas para o governo não passava de uma tentativa, "organizada por inimigos", para prejudicar o processo de coletivização. Os *gulags*, campos de trabalho forçado para reter esses "inimigos", iniciou-se neste período. O chamado "Grande Terror", promovido por Joseph Stalin, focava-se em inimigos políticos, *kulaks* e grupos étnicos, porque todos eles, na narrativa de poder, poderiam ameaçar a

---

[41] ROLLEMBERG, Denise; QUADRAT, Samantha Viz (org). *A construção social dos regimes autoritários*: legitimidade, consenso e consentimento no século XX. vol. 1. Rio de Janeiro: Civilização Brasileira, 2010, p. 21.

segurança interna. Em 1937, Joseph Stalin promoveu julgamentos públicos de "inimigos do povo" a servir como "missão 'pedagógica' do Estado".[42] Medo como mote, violência como recurso de combate num paradoxo discurso de promessa de paz e segurança, isento o poder soberano exercido por ele de qualquer responsabilidade. Os elementos da teoria política de Thomas Hobbes estão presentes, edulcorados pelo Direito, para definir as "medidas de emergência", quem são os "inimigos" (*kulaks*), reconhecidos e legitimados por Tribunais, e qual o seu estatuto jurídico (trabalhadores nos *gulags*).

Na América Latina, as ditaduras que surgiram na segunda metade do século XX reproduziram, em linhas gerais, esses traços do poder absoluto. Novamente, o medo, a transferência de direitos a quem se investe do poder soberano quase ilimitado de exercê-lo sem responder à sociedade, e a violência institucionalizada. O cientista político estadunidense Anthony W. Pereira analisou comparativamente o autoritarismo do Brasil, Chile e Argentina, o que chama de "legalidade autoritária" porque *"(...) a lei era manipulada, distorcida e usada de forma abusiva – ou mantida inalterada – sob o autoritarismo"*.[43] As diferenças históricas encontradas em cada ditadura militar – o "golpe preventivo" no Brasil, o "golpe ofensivo" no Chile[44] – decorreram, entre outros contextos históricos, conforme a realidade de cada país, de *"(...) diferentes graus de integração e de consenso entre as elites judiciárias e militares antes da ascensão desses regimes (...)"*.[45] Em expressiva pesquisa de dados, Anthony W. Pereira apura um alto grau de consenso entre os oficiais das forças ar-

---

[42] GELLATELY, Robert. *A maldição de Stalin*. Trad. Joubert de Oliveira Brizida. Rio de Janeiro: Record, 2017, p. 20, pp. 36-45 e 49-51.

[43] PEREIRA, Anthony W. *Ditadura e repressão*: o autoritarismo e o Estado de Direito no Brasil, no Chile e na Argentina. Trad. Patrícia de Queiroz Carvalho Zimbres. São Paulo: Paz e Terra, 2010, p. 38.

[44] PEREIRA, Anthony W. *Ditadura e repressão*: o autoritarismo e o Estado de Direito no Brasil, no Chile e na Argentina. Trad. Patrícia de Queiroz Carvalho Zimbres. São Paulo: Paz e Terra, 2010, p. 40.

[45] PEREIRA, Anthony W. *Ditadura e repressão*: o autoritarismo e o Estado de Direito no Brasil, no Chile e na Argentina. Trad. Patrícia de Queiroz Carvalho Zimbres. São Paulo: Paz e Terra, 2010, p. 41.

CAPÍTULO I - CAMINHOS DA SOBERANIA

madas e as elites judiciárias civis no Brasil, um consenso médio no Chile, e um consenso baixo na Argentina. Um dos fatores a contribuir para esse nível distinto de alianças é a organização de tribunais militares como parte do Judiciário civil, contando ainda com a participação de juízes e promotores civis, como aconteceu no Brasil. Neste cenário, os militares chilenos mostravam uma tendência a usurpar a autoridade judiciária, enquanto os militares argentinos rejeitavam-na.[46] Em certa medida, esses graus diferentes de consenso refletiram-se no grau de violência institucional:

> Nos casos em que os militares encaram com hostilidade aberta o Judiciário, por outro lado, tendem a usurpar as funções judiciais e adotar, nos tribunais, procedimentos puramente militares, como ocorreu no Chile, ou a ignorar por completo a lei e tratar como inimigos os advogados de defesa e, às vezes, até mesmo os juízes, como ocorreu na Argentina. O espaço para a defesa dos princípios democráticos é mais limitado no primeiro caso, e praticamente nulo no último.[47]

Na Argentina, em 1966, os militares conduziram o golpe que instalou a ditadura no país até 1973, e depois em 1976 voltaram ao poder, até 1983. O Chile, em 1973, sofreu o dramático golpe sob o comando do general Augusto Pinhochet, com o bombardeio do palácio presidencial e a morte do presidente eleito, Salvador Allende – o regime durou até 1990. No Uruguai, de 1973 a 1984, o presidente civil Juan María Bordaberry juntou-se aos militares. E, no Brasil, o golpe civil-militar foi cometido em 1964 e a ditadura estendeu-se até 1985. A soberania, em todos esses casos, foi usurpada por um grupo que manipulou o medo – do socialismo, comunismo, corrupção e outros motivos secundários – para vislumbrar uma pretensa alienação de direitos da sociedade aos

---

[46] PEREIRA, Anthony W. *Ditadura e repressão*: o autoritarismo e o Estado de Direito no Brasil, no Chile e na Argentina. Trad. Patrícia de Queiroz Carvalho Zimbres. São Paulo: Paz e Terra, 2010, pp. 42-44.

[47] PEREIRA, Anthony W. *Ditadura e repressão*: o autoritarismo e o Estado de Direito no Brasil, no Chile e na Argentina. Trad. Patrícia de Queiroz Carvalho Zimbres. São Paulo: Paz e Terra, 2010, p. 38, 40, 41, pp. 42-44 e 45.

respectivos núcleos (militares, ou civil-militares), que se entronizaram no comando de seus países em nome do povo (parte do povo), ao largo de qualquer limite de poder e responsabilidade para com a sociedade. O Direito, em todas essas passagens, serviu de discurso legitimador da promessa de proteção, paz e segurança, que se apresentou como "ordem pública", "segurança nacional", "propriedade", "família" e outros signos albergados pela ordem jurídica. O Direito foi a estrutura pela qual se anunciaram as ditaduras; no caso do Brasil, principalmente por meio dos atos institucionais; o Direito conferiu organização estatal à repressão, a exemplo do Departamento de Operações Internas – Comando Operacional de Defesa Interna (DOI-Codi) no Brasil, ou da Operação Condor que proporcionou a integração do Chile, Paraguai, Uruguai, Brasil, Argentina e Estados Unidos, no aparelhamento da repressão contra os inimigos políticos; o Direito foi a narrativa que buscava a legitimação da brutalidade por meio de Tribunais civis e militares, órgãos constitutivos do Poder Judiciário. No Brasil, a condução do golpe militar de 1964 selou-se na madrugada do dia 2 de abril, quando o deputado federal Ranierei Mazzilli foi empossado presidente do país com a presença de apoio destacado dos militares, mas ainda contando com a presença dos presidentes do Senado Federal e do Supremo Tribunal Federal. Como destaca o jornalista Felipe Recondo, *"Os três poderes, juntos, decretaram o fim do governo João Goulart e o início de uma nova fase na República"*.[48]

Especificamente sobre o papel do Poder Judiciário em regimes ditatoriais pela América Latina, Anthony W. Pereira assinala:

> Uma segunda razão para o uso de processos por crimes políticos é o desejo dos dirigentes do regime de usar os tribunais para justificar a repressão praticada por eles e conquistar legitimidade ou, pelo menos, aquiescência passiva a seu poder. Os tribunais são investidos de uma forte carga simbólica que pode emprestar um ar de gravidade e ponderação até mesmo às acusações mais forjadas e aos procedimentos mais gritantemente injustos.[49]

---

[48] RECONDO, Felipe. *Tanques e togas*: o STF e a ditadura militar. São Paulo: Companhia das Letras, 2018, p. 25.
[49] PEREIRA, Anthony W. *Ditadura e repressão*: o autoritarismo e o Estado de Direito

CAPÍTULO I - CAMINHOS DA SOBERANIA

Poder absoluto, fundado na lei. Voltarei adiante, nos dois últimos capítulos, a tratar sobre a instrumentalização do Direito por regimes de exceção – o paradoxo do Direito servir a afirmar a normalidade do excepcional. Ou, como diz o linguista, filósofo e ativista político estadunidense Noam Chomsky, entre as principais características do que ele denomina "Estados fracassados", encontra-se:

> (...) a incapacidade de proteger seus cidadãos da violência – talvez até mesmo da destruição – e governantes que dão mais prioridade a garantir o poder e a riqueza dos setores que dominam o Estado. Outra característica é serem 'Estados fora-da-lei', cujas lideranças tratam com desprezo o direito e os tratados internacionais, instrumentos de aplicação compulsória para os outros, mas não para o Estado fora-da-lei.[50]

Mas há ainda outro fundamental pensador no âmbito da filosofia política da Idade Moderna que trata do significado da soberania, Jean-Jacques Rousseau (1712-1788). Um dos últimos intelectuais de destaque dessa época, o seu reconhecimento não se dá apenas por sua posição na história, mas porque suas ideias políticas romperam drasticamente com as referências anteriores e ainda perturbam as práticas políticas contemporâneas, quando se trata de refletir sobre os sentidos de soberania e democracia. Se as ideias sobre soberania haviam se iniciado no Renascimento, com sua alocação na vontade divina, transcendental, além do alcance dos humanos, se com Thomas Hobbes a soberania desloca-se para o corpo social, mesmo sob o paradoxo de querer-se justificar na vontade dos indivíduos a submissão ao poder absoluto, se outros pensadores, como John Locke, passaram a sustentar que o soberano também se encontra neste pacto social, portanto, sob limites e responsabilidades, apenas com Jean-Jacques Rousseau pode-se dizer que a soberania é compreendida como um poder tão entranhado no povo

---

no Brasil, no Chile e na Argentina. Trad. Patrícia de Queiroz Carvalho Zimbres. São Paulo: Paz e Terra, 2010, p. 71.

[50] CHOMSKY, Noam. *Estados fracassados*: o abuso do poder e o ataque à democracia. Trad. Pedro Jorgensen Jr. Rio de Janeiro: Bertrand Brasil, 2009, p. 48.

— e por isso ele revoluciona a sua compreensão —, que apenas *diretamente* pode ser exercido. Sem representantes.

Jean-Jacques Rousseau diz que o indivíduo não perde todos os seus direitos ao buscar o corpo político. Ele distingue a "vontade geral" da "vontade de todos", a primeira é uma decisão unânime, a segunda, apenas a soma de vontades particulares, e também difere da "vontade da maioria" dos cidadãos, simples opinião. Rejeita o governo representativo. Em suas palavras: *"(...) cada indivíduo, contratante, por assim dizer, consigo mesmo, se encontra comprometido sob um duplo aspecto, a saber: como membro do soberano com os particulares e como membro do Estado com o soberano"*.[51]

Há muitas críticas ao seu pensamento porque levaria a ignorar o pluralismo e a dissolver as minorias no Estado. Mas ao seu tempo, e sobretudo para a compreensão da origem e a legitimação do poder soberano, Jean-Jacques Rousseau revolucionou: o contrato social não é uma realidade empírica, mas um consenso que funda a sociedade e promete a igualdade entre os indivíduos. No estado de natureza, há dois tipos de desigualdades, uma que ele define de natural ou física, outra que denomina desigualdade moral ou política por depender de uma convenção, isto é, do consentimento dos homens. Ele diverge de Thomas Hobbes, e o menciona diretamente para reprovar a ideia de que o homem por natureza é mau, pervertido, egoísta. Ao pensar o estado de natureza como uma hipótese[52] — François Châtelet diz: *"(...) uma operação do espírito, um postulado da razão"*[53] —, Jean-Jacques Rousseau diz que, nesse estado primitivo, os homens eram naturalmente livres, bons, inofensivos em relação aos seus semelhantes, todos viviam em paz uns com os outros — é o que se concebe como "bom selvagem". Mas, então, *"O primeiro que, tendo cercado um terreno, pensou em dizer 'isto é meu', e encontrou gente simples o bastante para acreditar*

---

[51] ROUSSEAU, Jean-Jacques. *Do contrato social*. Trad. Eduardo Brandão. São Paulo: Penguin Classics Companhia das Letras, 2011, p. 68.

[52] ROUSSEAU, Jean-Jacques. *A origem da desigualdade entre os homens*. Trad. Eduardo Brandão. São Paulo: Penguin Classics Companhia das Letras, 2017, pp. 33, 35 e 59.

[53] CHÂTELET, François. *História das ideias políticas*. Trad. Carlos Nelson Coutinho. Rio de Janeiro: Jorge Zahar Editor, 1985, p.71.

CAPÍTULO I - CAMINHOS DA SOBERANIA

nele, foi o verdadeiro fundador da sociedade civil".[54] Existem diversos estágios no estado natural, mas a propriedade privada com a metalurgia e a agricultura – ferro e trigo – consumaram a passagem do estado de natureza para o estado civil, e também a corrupção do gênero humano. As origens da sociedade e das leis proporcionaram *"(...) novos entraves ao fraco e novas forças ao rico, destruíram irremediavelmente a liberdade natural, estabeleceram para sempre a lei da propriedade e da desigualdade (...)"*.[55] O que antes era a natural desigualdade em razão das condições físicas de cada qual (constituição corporal, idade, habilidades pessoais), passou à desigualdade das riquezas. Houve conflitos, mas depois um consenso, um primeiro contrato social. Mas fraudulento, pois feito sob a desigualdade de recursos. O que ele propõe é um novo pacto: (i) uma República porque a Monarquia hereditária viola a igualdade e compromete a liberdade individual, encaminha-se à tirania; (ii) a soberania intrinsecamente popular: o poder encontra-se com o povo e deve por ele ser exercido diretamente, sem representantes, ou, em outros termos, os indivíduos, por vontade própria, devem associar-se como legisladores e assim se tornarem súditos e *soberanos*; (iii) a liberdade individual deve ser assegurada; (iv) a igualdade é crucial, não apenas perante a lei, mas a igualdade social, concreta.

A contribuição de Jean-Jacques Rousseau para a passagem à Idade Contemporânea e ao modelo político do Estado de Direito é expressiva e de profundo impacto. O jurista Diogo Freitas do Amaral realça esse legado:

> Muitas das suas ideias perduraram no tempo e chegaram até nós: a ideia de *Democracia*, como regime ideal (Péricles) e não como regime degenerado (Platão, Aristóteles e todos os que os seguiram); a ideia de *República*, que, não sendo ainda hoje consensual, é a forma de Estado mais espalhada no mundo; a ideia de *contrato*

---

[54] ROUSSEAU, Jean-Jacques. *A origem da desigualdade entre os homens*. Trad. Eduardo Brandão. São Paulo: Penguin Classics Companhia das Letras, 2017, p. 71.

[55] ROUSSEAU, Jean-Jacques. *A origem da desigualdade entre os homens*. Trad. Eduardo Brandão. São Paulo: Penguin Classics Companhia das Letras, 2017, pp. 80 e 87.

social, que já vinha de trás mas passou à posteridade com o nome que Rousseau lhe deu; a inserção na república democrática dos *direitos individuais* (embora com uma construção teórica deficiente, como veremos); os princípios da *liberdade* e da *igualdade* como pilares fundamentais de um Estado democrático justo; enfim, a noção de *lei* como expressão da *vontade geral*, bem como a arguta chamada de atenção para o perigo de os membros do Poder Legislativo se deixarem dominar por *interesses privados*, fazendo passar como leis normas que só na aparência servem a vontade geral.[56]

O jurista Alysson Leandro Mascaro percebe mensagens que ainda reverberam na atualidade:

> O 'Discurso' é a obra da explicação das mazelas humanas em sociedade, que acompanha o trajeto histórico da desesperança já realizada; 'O contrato social' é o livro do apontamento da esperança, o dever-ser de um mundo que tenta alcançar as pequenas e últimas frestas de possibilidade de justiça que ainda restem.[57]

Com Jean-Jacques Rousseau, a ideia política de soberania encontrou sua máxima expressão em conexão com a sociedade. Seu pensamento foi brandido durante a Revolução Francesa, seu nome invocado entre os revolucionários, e os restos do seu corpo sepultado foram transferidos para o Panteão de Paris, como símbolo da nova ordem que despontava. Mas a prática política da formação do "Estado de Direito", momento inaugurador da Idade Contemporânea, distanciou-se profundamente da proposta de democracia direta.

---

[56] AMARAL, Diogo Freitas do. *História do pensamento político ocidental*. Lisboa: Almedina, 2011, pp. 225-226.
[57] MASCARO, Alysson Leandro. *Filosofia do direito*. 2ª ed. São Paulo: Atlas, 2012, p. 195.

Capítulo II
A SOBERANIA USURPADA E AS ILUSÕES DE DEMOCRACIA

O fim da Idade Moderna é definido pela historiografia com o advento da Revolução Francesa, em 1789. De lá aos dias de hoje, para a História, encontramo-nos na Idade Contemporânea. De tantas diferenças em todos os âmbitos da vida em culturas tão variadas que marcam os séculos XIX, XX e início do XXI, o que há de comum e justifica o encontro de formações sociais tão distintas sob a mesma identidade é o *modo de produção econômica* que predominantemente se impôs, o capitalismo (i) e a *forma sócio-jurídico-política* com ele alinhada, o Estado de Direito (ii).

O modo de produção que se desenvolveu acentuadamente no século XIX é o *capitalista*. Se havia capitalismo comercial desde o Renascimento, prevalecia o modo de produção servil (suseranos, vassalos e servos), próprio do feudalismo, constituinte de uma sociedade estamental (dividida em ordens: nobres, clero e povo), distinta da sociedade censitária típica do capitalismo (dividida em classes), e ainda assim o capitalismo da Idade Moderna era apenas o comercial, diverso do que se assomaria adiante, também por influência da Revolução Industrial iniciada na Inglaterra no final do século XVIII, o capitalismo industrial – um dos fatores determinantes à mudança de regime sócio-jurídico-político porque se impôs a necessidade da *igualdade formal* ao desenvolvimento da burguesia. A Revolução Francesa tornou-se referência simbólica do fim dos privilégios (da nobreza e do clero), da sociedade estamental e do declínio acelerado do modo de produção servil – o historiador inglês Richard Evans lembra que, em diversos países, a servidão persistiu pelo século XIX: nos reinos de Hanover e da Saxônia até os idos de 1830, na Áustria, Croácia e Hungria até por volta de 1848, Rússia e Polônia até os anos de 1860, Bulgária chegou em 1880, Islândia até 1894.[58]

Para dar conta do modo de produção capitalista (comercial e industrial), que ocupava a cena das relações econômicas da sociedade, era preciso uma nova organização sócio-jurídico-político, o que se apresentou por um modelo que depois se reconheceria por *Estado de Direito*. A partir de então, sob as mais distintas formas – Liberal, Social, Social Democrático, Neoliberal –, tornou-se o horizonte do progresso das nações – mesmo os regimes autoritários que surgiriam posteriormente em geral se afirmariam, como se fosse um cartão de visitas, "Estados de Direito". O Direito e a narrativa do "império da lei" tornaram-se hegemônicos.

Estado de Direito (forma sócio-jurídico-político) e capitalismo (modo de produção econômica) compõem a identidade da Idade Contemporânea. A Revolução Francesa é uma referência simbólica porque os Estados Unidos haviam se apresentado sob esse modelo treze anos antes, em 1776, quando as colônias inglesas na América do Norte declararam sua independência – mas as ideias eram europeias –, e a Inglaterra superou o absolutismo ainda no fim do século XVII, com a coroação do rei Guilherme III, após o término da Revolução Gloriosa e a Declaração de Direitos (*Bill of Rights*) em 1689, início da monarquia parlamentar.

A própria França, em sua história, não se resume à Revolução de 1789. A efetiva superação do absolutismo apenas se concluiu em 1830. Em 1789, após a queda da Bastilha em 14 de julho e entre a noite do dia 4 e o dia seguinte, 5 de agosto, na chamada "Noite do Grande Medo", os revolucionários anunciaram o fim dos privilégios – e a perseguição e

---

[58] EVANS, Richard J. *A luta pelo poder*. Europa 1815-1914. Trad. Pedro Elói Duarte. Lisboa: Edições 70, 2018, p. 137.

CAPÍTULO II - A SOBERANIA USURPADA E AS ILUSÕES...

morte aos nobres. A Declaração dos Direitos do Homem e do Cidadão foi promulgada em 26 de agosto para reafirmar o fim das distinções de nascimento (todos nascem livres e iguais em direito) – homens franceses, não mulheres nem estrangeiros. Manteve-se o rei, bastava uma monarquia constitucional – e parte da nobreza emigrou para outros países. Mas, por causa da tentativa de fuga da família real para a Áustria, em 20 de junho de 1791, e a consequente invasão Austro-Prussiana em abril de 1792, em defesa do rei Luis XVI, os jacobinos declararam a "Comuna Insurrecional de Paris", um governo provisório contra os invasores, e no desdobramento dos acontecimentos, em 20 de setembro, proclamou-se a República. O rei e a rainha, Maria Antonieta, seriam executados no ano seguinte. A reação girondina aconteceu em 1794 – após a morte dos líderes jacobinos – para formar um novo governo, o Diretório (1794-1799), que se manteve no poder até 10 de novembro de 1799, quando Napoleão Bonaparte, por um golpe de Estado, passou a liderar a França, até 1815 (apesar de um breve período exilado do poder em 1814). O Congresso de Viena, realizado em 1815, sob o comando do Reino Unido, Rússia, Prússia, Áustria e Estados Pontifícios, reestabeleceu as monarquias absolutistas existentes antes da Revolução Francesa, o que significou a volta ao poder dos Bourbons na França, os Bragança em Portugal – mas o Reino Unido manteve-se como uma monarquia parlamentarista. Formou-se a "Santa Aliança", uma aliança militar liderada pela Rússia contra a expansão de ideias liberais na Europa. A restauração da monarquia Bourbon restabeleceu o absolutismo. Primeiro com Luís XVIII e, ao morrer, em 1824, continuou com o rei Carlos X até 1830, quando se deu, entre 27 e 29 de julho, a Revolução de 1830 (também denominada de "Três Dias de Glória", ou "Jornadas Gloriosas", ou "Revolução das Barricadas"). A burguesia novamente liderou a revolução, tal como havia feito em 1789, e outra vez contou com o apoio das camadas mais populares, e tornou a declarar o fim do princípio da legitimidade das monarquias absolutistas. Apenas em 1830, portanto, encerrou-se na França o Estado absolutista com o início da monarquia constitucional liderada pelo rei Luís Felipe de Orleans, o "Rei burguês".

Em 2 de julho de 1778, cerca de um ano antes do marco considerado como deflagrada a Revolução Francesa (14 de julho de 1789), morreu um dos principais pensadores cujas ideias serviram de referência teórica ao movimento, Jean-Jacques Rousseau. No final do capítulo anterior, lembrei que o seu nome foi celebrado pelos revolucionários e os seus restos mortais foram transferidos para o Panteão de Paris, em 1794 (inicialmente, uma basílica construída por ordem do rei Luís XVI em tributo à Santa Genoveva, padroeira de Paris e, posteriormente, pelos revolucionários, convertida em espaço para abrigar os corpos de importantes personalidades da história francesa). Expoente filósofo da Idade Moderna, foi responsável por definitivamente fixar a raiz do poder soberano junto ao povo, mas sob a necessária condição de que se participasse diretamente, sem intermediários, das decisões políticas do Estado. Enaltecido pela Revolução Francesa, mas a sedimentação, lenta e gradual, do Estado de Direito e do capitalismo não significava a realização da soberania popular na expressão de Jean-Jacques Rousseau. Algo diferente, as suas ideias foram adaptadas. No que se referia ao exercício *direto* do poder soberano, Jean-Jacques Rousseau foi descartado.

    A participação direta do povo no poder não era uma opção. Nem nos Estados Unidos (a partir de 1776), muito menos na França (1789 e 1830), ou na Inglaterra (1688). Organizar-se politicamente sob o "império da lei", e não da vontade absoluta de um monarca, passava longe de conferir voz ao povo. Na França, o abade Emmanuel Sieyès (1747-1836) foi um dos articuladores das adaptações do pensamento de Jean-Jacques Rousseau à prática política. Ele publicou, em 1788, um breve texto que se difundiu intensamente em Paris, intitulado *O que é o terceiro Estado? Ensaio sobre os privilégios,* no qual se manifestou contra os privilégios da nobreza e do clero. Ao perguntar o que é o Terceiro Estado, responde *tudo*, o que ele foi e ainda o é ao seu tempo, nada, e o que ele quer ser, conclui, *ser alguma coisa*. A Assembleia dos Estados Gerais, ou Estados Gerais, era um órgão consultivo do rei, composto pelas três ordens que formavam o estrato social sob o Estado Absolutista: nobreza, clero e povo. Reunia-se esporadicamente. Antes da convocação feita pelo rei Luís XVI, em maio de 1789, no turbulento ano de crise que levou, dois meses adiante, ao início da Revolução Francesa, apenas em 1614 havia se reunido pela última vez. Os votos diante dos temas propostos eram apurados por cada ordem, e como a nobreza e o clero em geral comungavam dos mesmos interesses,

CAPÍTULO II - A SOBERANIA USURPADA E AS ILUSÕES...

o povo, embora em número exponencialmente maior, restava preterido. Emmanuel Sieyès, nesse ensaio, defendeu que as votações fossem feitas por cabeça, e não por ordens, e o Terceiro Estado deveria ter número maior de representantes, afinal, *"(...) possui todo o necessário para formar uma nação completa"*. A Nação é o próprio Terceiro Estado, o povo: *"(...) terceiro estado e nação se confundem em uma mesma ideia"*.[59] Mas, perceba-se, o povo exerce seu poder por meio dos seus representantes.

A filósofa francesa Simone Goyard-Fabre enfatiza que Emmanuel Sieyès propõe, em termos vigorosos, o valor do princípio da *soberania nacional*, mas não emprega a expressão "soberania do povo". A Nação, para ele, existe acima de tudo, é a origem e a própria lei. Nesse quadro, a concepção de Nação e da representação dos cidadãos na Assembleia Nacional é a pedra angular da política que se desenvolveria a partir de então.[60] A influência de Emmanuel Sieyès é claramente percebida na positivação do seu pensamento no art. 3º da Declaração dos Direitos do Homem e do Cidadão ao se prescrever que *"O princípio de toda a soberania reside, essencialmente, na nação. Nenhum corpo, nenhum indivíduo pode exercer autoridade que dela não emane expressamente"*.

Mas não foi o único. O político francês Benjamin Constant, contemporâneo e influente ao tempo da Revolução Francesa, discorre sobre a necessidade de entender que a *liberdade dos antigos* não era a mesma da *liberdade dos modernos*. Reportava-se aos antigos, tal como contextualiza o historiador José Murilo de Carvalho, para referir-se a Atenas, Esparta e Roma, na Idade Antiga, *"(...) a liberdade de participar coletivamente do governo, da soberania, era a liberdade de decidir na praça pública os negócios da república (...)"*, essa liberdade era defendida pelos jacobinos; mas a liberdade dos modernos, a que Benjamin Constant defende, é a do seu tempo: *"(...) a liberdade do homem privado, a liberdade dos direitos de ir e vir, de propriedade, de opinião, de religião. A liberdade moderna*

---

[59] SIEYÈS, Emmanuel. *Qué es el Tercer Estado? Ensayo sobre los privilégios*. Trad. Marta Lorente Sariñena y Lidia Vázquez Jiménez. Madrid: Alianza Editorial, 2012, pp. 85, 103, 90, pp. 92-93 e 98.
[60] TOURAINE, Alain. *O que é a democracia?* 2ª ed. Trad. Guilherme João de Freitas Teixeira. Petrópolis: Vozes, 1996, pp. 182-183.

não exclui o direito de participação política, mas esta se faz agora pela representação e não pelo envolvimento direto".[61]

Na trajetória da ideia que substituiu o povo, a "nação", a filósofa Marilena Chauí relembra que sua origem vem do verbo latino *nascor* (nascer), constitui o substantivo decorrente, *natio* (nação), como "parto de uma ninhada". Com o tempo, passou a significar *"(...) os indivíduos nascidos ao mesmo tempo de uma mesma mãe, e, depois, os indivíduos nascidos num mesmo lugar"*. No início da Idade Média, a Igreja Romana utilizava o termo no plural, *nationes* (nações) ao se referir aos pagãos e os diferenciar do *populus Dei*, "povo de Deus". A expressão estendeu-se além dos pagãos para abarcar os estrangeiros (em Portugal assim se referia aos judeus, por exemplo) e grupos sem estatuto civil e político ("nações indígenas" para os colonizadores). Enquanto "povo" era um conceito jurídico-político, diz Marilena Chauí, "nação" apresentava-se como conceito biológico. Apenas no final do século XIX, prossegue Marilena Chauí ao recordar os estudos de Eric Hobsbawm, a palavra "nação" consolidou seus sentidos políticos: (i) entre 1830 e 1880, como "princípio da nacionalidade" vincularam-se nação e território decorrentes da economia política liberal, (ii) entre 1880 e 1918 a "ideia nacional" relacionava língua, religião e raça, resultado da atuação dos intelectuais pequeno-burgueses e (iii) de 1918 a 1960, a "questão nacional" como "consciência nacional" significava um "conjunto de lealdades políticas", por influência dos partidos políticos e do próprio Estado.[62] A elaboração desses significados de "nação" levou o Estado a intervir em tradições, tal como ocorreu na Áustria, no final do século XIX, lembra Eric Hobsbawm, durante os censos que, ao invés de apurarem dados e fatos, provocaram um "nacionalismo linguístico":

> Na verdade, perguntar a questão linguística nos censos 'forçou' cada um a escolher, pela primeira vez, não apenas uma nacionalidade mas também uma nacionalidade linguística. Os requisitos

---

[61] CARVALHO, José Murilo de. *A formação das almas*: o imaginário da República no Brasil. São Paulo: Companhia das Letras, 2017, p. 17.
[62] CHAUÍ, Marilena. *Manifestações ideológicas do autoritarismo brasileiro*. vol. 2. Belo Horizonte: Autêntica, 2013, pp. 155-156 e 157.

CAPÍTULO II - A SOBERANIA USURPADA E AS ILUSÕES...

técnicos do Estado administrativo moderno uma vez mais ajudaram a patrocinar a emergência do nacionalismo (...).[63]

Após o percurso até aqui traçado sobre a origem, formação e perspectivas diferentes da noção de *soberania*, pode-se formular uma ideia que se ajusta ao modelo de Estado de Direito da Idade Contemporânea e relacioná-la, na sequência, com outra essencial à política e à ordem jurídica, a *democracia*.

Soberania é a narrativa sobre a fonte e a legitimidade do poder do Estado-nação. Originou-se no Renascimento ao encontrar seu fundamento na vontade de Deus, e percorreu toda a Idade Moderna, mais por discursos filosóficos do que por práticas políticas, num "trajeto de descida": do transcendental ao humano, do divino aos indivíduos organizados numa sociedade civil. Na fixação do poder junto ao ser humano que vive em sociedade (estado civil, oposto ao estado de natureza), o *pacto social* (contrato social) passou a ser a sede do poder – tanto para os poderes serem transferidos sem reservas a alguém fora do pacto (Hobbes), quanto para que todos permanecessem sob o mesmo vínculo (Locke e Rousseau).

Democracia é a forma sócio-política de governo na qual o povo exerce o poder com liberdade, igualdade perante a lei e a possibilidade de debater e participar da vida pública. Diretamente, como ocorreu em Atenas, berço desse modo de organização das decisões de poder, mesmo com as conhecidas exclusões das mulheres, escravos e estrangeiros que viviam na cidade, e como também pensava Jean-Jacques Rousseau, à beira da passagem para a Idade Contemporânea, ou indiretamente, como em geral se realiza, pelo Estado de Direito no qual o poder é exercido por *representantes*.

O art. 1º, parágrafo único, da Constituição da República Federativa do Brasil de 1988 associa os dois conceitos, *soberania* e *democracia*. Diz: *"Todo o poder emana do povo, que o exerce por meio de representantes eleitos ou diretamente, nos termos desta Constituição"*. A força da legitimidade do poder encontra-se no povo (soberania), o seu exercício ocorre em regra

---

[63] HOBSBAWM, Eric. *Nações e nacionalismo desde 1780:* programa, mito e realidade. Trad. Maria Celia Paoli e Anna Maria Quirino. São Paulo: Paz e Terra, 2013, p. 137.

por representantes (democracia indireta) e vez por outra por ação direta do povo por meio do plebiscito, referendo, projetos de lei de iniciativa popular, audiências públicas, conselhos participativos etc (democracia direta). Soberania e democracia conectam-se, mas são signos distintos, portanto, guardam significados diferentes.

O jurista Gilberto Bercovici destaca:

> A democracia, como afirma Friedrich Müller, não é mera técnica jurídica de elaborar normas. Ela também não significa apenas a atribuição formal do poder constituinte ao povo. O povo, segundo Böckenförde, é a origem e o detentor último do poder, exercendo ele mesmo o domínio político, tornando mais concreta a soberania popular. A democracia deriva da e realiza a soberania popular.[64]

A separação destas ideias políticas é imperativa – qual a origem do poder estatal (soberania) e se o exercício ocorre por vontade popular (democracia, direta ou indireta). Ditaduras negam a democracia, às vezes afrontosamente, outras vezes tentam usá-la como traje e são ditaduras que negam sua identidade, mas em todos os casos seus líderes discursam, ainda que falsamente, por supostamente respeitarem a soberania popular, afirmam ser, dizem os ditadores, os seus fiéis intérpretes. As ditaduras, ao recusarem ou usurparem o símbolo "democracia", mantêm o Estado de Direito como referência, a superestrutura do modo de produção capitalista, identidade de cada Estado-nação, fundado na narrativa da vontade popular sobre a origem do poder (soberania).

A filósofa francesa Simone Goyard-Fabre esclarece essa importante distinção:

> *A democracia, por sua vez, não é uma forma de soberania, mas um regime de governo*: aquele em que o corpo de magistrados encarregado de exercer legitimamente a potência executiva é o mais numeroso,

---

[64] BERCOVICI, Gilberto. *Soberania e Constituição*: para uma crítica do constitucionalismo. 2ª ed. São Paulo: Quartier Latin, 2013, p. 17.

CAPÍTULO II - A SOBERANIA USURPADA E AS ILUSÕES...

já que o "depósito" desse encargo é confiado "a todo o povo, ou à maior parte do povo".[65]

Em outra passagem, a filósofa retrata a distinção do ideal de Jean-Jacques Rousseau e a realidade política – aliás, até mesmo Emmanuel Sieyès, em alguma medida, foi desprestigiado. Diz ela, que a Constituição da Montanha de 1793 (ano I da República) observava o princípio democrático ao considerar que a soberania reside no povo e defender o sufrágio universal direto como corolário dessa soberania popular. Nessa constituição, o legislativo e o executivo são tratados como "funções" e não "poderes", os deputados são "comissários", antes de "representantes" do povo, mas a realidade política não correspondia à idealidade do texto constitucional. Prevaleceu o "despotismo da liberdade" dos líderes revolucionários Robespierre, Saint-Just e Marat.[66]

A ideia de *nação* que se forma a partir da Revolução Francesa é um exemplo de "mito no pensamento político", como diz o cientista político francês Olivier Nay, pois é *"(...) uma realidade imaginária, visto que não tem nenhum fundamento sociológico (...). É uma invenção, uma ideia, um relato mitológico que transforma uma população disseminada em 'ser coletivo'"*. Destaca "uma nova transcendência" para propagar a crença de uma ordem superior, perfeita e permanente, uma "religião civil": *"(...) a nação não faz senão substituir Deus como fundamento legítimo de todo poder"*. O que propôs Emmanuel Sieyès, afirma Olivier Nay, foi considerar o povo não em sua dimensão sociológica, mas como pessoa jurídica a que denominou "nação", e a soberania, acentua ele, não poderia pertencer ao povo, mas à "nação" – a consequência necessária foi a democracia necessariamente *representativa*.[67]

A presença impositiva do modelo representativo da democracia em vez da possibilidade de participação direta, ou mesmo a integração

---

[65] GOYARD-FABRE, Simone. *O que é a democracia?* Trad. Cláudia Berliner. São Paulo: Martins Fontes, 2003, p. 164.
[66] GOYARD-FABRE, Simone. *O que é a democracia?* Trad. Cláudia Berliner. São Paulo: Martins Fontes, 2003, p. 187.
[67] CHÂTELET, François. *História das ideias políticas*. Trad. Carlos Nelson Coutinho. Rio de Janeiro: Jorge Zahar Editor, 1985, p. 285, pp. 297-298.

desses dois modelos, não se deu por alguma dificuldade operacional, mas por deliberado desejo de manter o povo afastado de qualquer instância de efetivo poder deliberativo. O rumo da nação deveria operar-se por uma elite, supostamente capaz de captar os anseios e dificuldades do povo e realizá-los.

Mas não foi apenas a França quem expôs reservas às formas de exercício da soberania, especialmente pela democracia direta. Nos Estados Unidos, são chamados de "pais fundadores" os líderes políticos que protagonizaram a elaboração da Constituição em 1787. A soberania é afirmada junto ao povo ("we the people"), mas o exercício do poder deveria ser feito por seus representantes. O cientista político australiano John Keane é contundente a respeito:

> 'Nós o povo' significava 'Nós os representantes eleitos e distintos do povo'. Considerava-se que o povo necessitava de governo firme. A maioria dos revolucionários da Filadélfia descartava-o usando a linguagem de Platão. O povo era considerado demasiado ignorante para seu próprio bem. Dar à gente comum o direito de escolher o próprio presidente, observou George Mason, seria como aplicar 'um teste de cores a um homem cego'.[68]

Alexis de Tocqueville, intelectual francês que se deslocou aos Estados Unidos na primeira metade do século XIX e estudou a democracia em formação naquele país, realçou o princípio da soberania do povo: *"O povo reina sobre o mundo político americano como Deus sobre o universo. É ele a causa e o fim de todas as coisas; tudo sai do seu seio, e tudo se absorve nele"*. Uma hipérbole em seu pensamento porque apesar de constantemente afirmar que o povo é quem governa, admite o risco da "tirania da maioria". O "poder de tudo fazer" é por ele recusado, pouco importa se parte de um rei, da aristocracia ou do povo. Não por alguma fragilidade desse máximo poder, mas porque nessa "força irresistível" encontra-se o "germe da tirania"[69]. O poder da opinião pública pode tornar-se tirânico porque a

---

[68] KEANE, John. *Vida e morte da democracia*. Trad. Clara Colloto. São Paulo: Edições 70, 2010, pp. 269-270.

[69] TOCQUEVILLE, Alexis de. *A democracia na América*. Trad. Neil Ribeiro da Silva. São Paulo: Folha de São Paulo, 2010, pp. 72, 140 e 189.

CAPÍTULO II - A SOBERANIA USURPADA E AS ILUSÕES...

maioria não é sinônimo de verdade ou de justiça. Na igualdade democrática, Alexis de Tocqueville acredita também existir uma ameaça à liberdade. Na formação dos Estados Unidos como nação independente, o ativismo político de Alexander Hamilton, James Madison e John Jay tem reconhecido destaque. Artigos por eles publicados no final do século XVIII encontram-se reunidos numa obra intitulada *O Federalista*, em que distinguiam a "república" da "democracia". Na democracia o povo reúne-se e governa por si, na república ele reúne-se e governa por meio de representantes. A democracia limita-se a um pequeno número de cidadãos, a república serve a um grande país.[70] Em análise do cientista político estadunidense Martin Diamond, a defesa dos autores de *O Federalista* era do princípio representativo, reforçado com a separação de poderes; queriam negar autoridade às maiorias populares consideradas por eles como opressoras, em especial, *"(...) a grande massa dos pequenos proprietários e dos sem propriedades"*.[71] Olivier Nay ressalta que Alexander Hamilton e seus apoiadores posicionavam-se claramente pela necessidade de uma "elite da nação americana" conduzir os rumos do país, a democracia direta era inconveniente. Para estes "Pais Fundadores" dos Estados Unidos:

> (...) só os eleitos que dispõem de um certo nível de riqueza e de instrução podem governar, visto que deram mostras de suas capacidades superiores (por seu êxito social), têm o tempo necessário para se dedicar aos assuntos comuns (graças às suas rendas) e não têm nenhum interesse em defender seu interesse egoísta (visto que sua riqueza é adquirida).[72]

Durante o século XX, depois do confronto por regimes autoritários de diversos matizes, à direita e à esquerda do espectro político, na Europa, Ásia, África e América Latina, a democracia tenta se reerguer,

---

[70] HAMILTON, Alexander; MADISON, James; JAY, John. *O federalista*. 3ª ed. Trad. Ricardo Rodrigues Gama. Campinas: Russell editors, 2010, n. 10 e 14.

[71] STRAUSS, Leo; CROPSEY, Joseph. *História da filosofia política*. Trad. Heloísa Gonçalves Barbosa. Rio de Janeiro: Forense, 2013, p. 602.

[72] CHÂTELET, François. *História das ideias políticas*. Trad. Carlos Nelson Coutinho. Rio de Janeiro: Jorge Zahar Editor, 1985, pp. 301 e 297.

inicialmente depois da 2ª Guerra Mundial na Europa e apenas nas décadas de oitenta e noventa na América Latina. Mas a liberdade almejada por novos discursos políticos ainda parece distante da percepção de soberania popular, como observa o sociólogo francês Alain Touraine:

> Em que aspecto é que a liberdade dos modernos se opõe a essa concepção cívica ou republicana da democracia? Pelo fato de que, no mundo moderno, a política deixou de se definir como a expressão das necessidades de uma coletividade ou grupo politicamente organizado, para ser considerada como uma ação sobre a sociedade.[73]

Em 1882, na Carolina do Sul, Estado dos Estados Unidos com predomínio da população negra, aprovou-se a "Lei das Oito Urnas". Contam os cientistas políticos estadunidenses Steven Levitsky e Daniel Ziblatt que esta lei criou um complexo sistema de votação que tornou quase impossível a um analfabeto conseguir votar. Sete anos depois ainda se acrescentou a cobrança de um imposto e um teste de alfabetização. Resultado: a participação negra que atingiu 96% em 1876 caiu para 11% em 1898. No Alabama, estratégias similares também foram adotadas. Em pouco tempo, no sul dos Estados Unidos, o comparecimento negro caiu de 61% em 1880 para 2% em 1912. Na década de 2010, os Estados Unidos aprovaram, em diversos Estados, "leis de identificação de eleitores" – por exemplo, a exigência de eleitores apresentarem uma carteira de motorista válida ou outro retrato de identificação emitida pelo governo –, aprovadas onde o partido republicano era majoritário na respectiva casa legislativa, o que resultou em nova restrição à participação democrática, pois 35% dos afro-americanos e 27% dos latinos afirmaram não possuir uma carteira de motorista válida em comparação a 16% dos brancos.[74]

As restrições à efetiva participação política do povo tomaram forma científica, no final do século XIX e início do seguinte, como *teoria das*

---

[73] GOYARD-FABRE, Simone. *O que é a democracia?* Trad. Cláudia Berliner. São Paulo: Martins Fontes, 2003, p. 41.

[74] LEVITSKY, Steven; ZIBLATT, Daniel. *Como as democracias morrem*. Trad. Renato Aguiar. Rio de Janeiro: Zahar, 2018, pp. 93 e 176.

CAPÍTULO II - A SOBERANIA USURPADA E AS ILUSÕES...

elites. A preocupação com a possível condução da vida política pelo povo e a defesa da ideia de que as elites teriam a exclusiva condição da realização da democracia encontram-se em teorias políticas de Gaetano Mosca, Vilfredo Pareto, Robert Michels e outros. Para Gaetano Mosca, a única distinção política que importa – após criticar a classificação de Aristóteles – é a que toma por referência governantes e governados, o processo de diferenciação que permite a existência de minorias privilegiadas decorre da riqueza, do lugar social do nascimento e do mérito. Mas, como destaca a cientista política Cristina Buarque de Hollanda, para ele os critérios reais que levam à formação e sustentação destes processos de diferenciação são desconsiderados. Vilfredo Pareto, diz Cristina Buarque de Hollanda, parte da premissa da elite política constituir-se dos *"(...) homens mais aptos à condução do governo"* porque se funda não na moral, mas no princípio de eficiência. Reflexos na história da república brasileira são encontrados. Cristina Buarque de Hollanda cita, entre outros, Oliveira Vianna (1883-1851), influente intelectual que defendeu a exclusão política das "maiorias populares", entusiasta do Estado Novo (ditadura instalada por Getúlio Vargas), para quem se deve passar da sociedade fragmentada para "um corpo social único", uma "elite brasileira" formada por classes profissionais e econômicas.[75] Mais recentemente, no Brasil de 2019, o então ministro da Educação, Ricardo Vélez, chegou a sustentar que as universidades deveriam ser "reservadas para uma elite intelectual", e o ensino técnico deveria ser o destino para a inserção dos jovens, em sua maioria, no mercado de trabalho.[76]

Ainda no Brasil de 2019, o presidente Jair Bolsonaro deu sinais vivos e recorrentes das restrições à democracia. Em abril, emitiu decreto extinguindo colegiados da Administração Pública federal direta, autárquica e fundacional, quer dizer, encerrou as atividades de comitês e comissões com forte representação da sociedade civil.[77] Apesar de não

---

[75] HOLLANDA, Cristina Buarque de. *Teoria das elites*. Rio de Janeiro: Zahar, 2011, pp. 14-15, pp. 29 e 45.
[76] VÉLEZ, Ricardo. "Ministro da Educação defende universidades só para 'elite intelectual'", *Brasil ao minuto*, 2019. Disponível em: https://www.noticiasaominuto.com.br/brasil/870619/ministro-da-educacao-defende-universidades-so-para-elite-intelectual. Acesso em 15.01.2021.
[77] "Presidente Jair Bolsonaro extingue centenas de conselhos federais", *Revista Consultor*

ter atingido todos os colegiados, pois os criados por lei não puderam ser extintos por norma inferior (decreto), ainda assim são estimados em mais de mil os colegiados – espaços da sociedade civil – que foram eliminados.[78] Em setembro, o presidente esvaziou o Conselho Nacional dos Direitos da Criança e do Adolescente, um dos poucos que restou da extinção de colegiados: diminuiu os poderes de decisão pela redução dos integrantes da sociedade civil e conferiu ao presidente do colegiado, indicado pelo governo, poder de voto extra em caso de empate, alterou as reuniões mensais para trimestrais, e dispensou os integrantes eleitos para substituí-los por outros nomeados após "processo seletivo" conduzido pelo próprio governo, além de enfraquecer a capacidade de atuação deste órgão, ao esvaziar o orçamento que lhe era destinado, porque passados oito meses do ano ainda não havia qualquer valor empenhado pelo governo, em contraste com os R$ 12 milhões do ano anterior.[79]

Para o filósofo francês Jacques Rancière, há razões claras para o que ele denomina, sem rodeios, de um "ódio à democracia". A democracia, diz ele, não é forma de Estado porque está sempre aquém e além dele. Encontra-se aquém porque é *"(...) fundamento igualitário necessário"*, e está além porque é *"(...) atividade pública que contraria a tendência de todo Estado de monopolizar e despolitizar a esfera comum"*. Pois todo Estado, em sua forma política, é oligárquico. Então, prossegue, o que se apresenta como "democracia" na forma de Estado é apenas *"(...) uma oligarquia que dá à democracia espaço suficiente para alimentar sua paixão"*.[80]

Jurídico, 2019. Disponível em: https://www.conjur.com.br/2019-abr-14/presidente-jair-bolsonaro-extingue-centenas-conselhos-federais. Acesso em: 15.01.2021.

[78] FARIA, Flávia. "Entenda decreto que põe fim a conselhos federais com atuação da sociedade", *Folha*, 2019. Disponível em: https://www1.folha.uol.com.br/poder/2019/05/entenda-decreto-que-poe-fim-a-conselhos-federais-com-atuacao-da-sociedade.shtml. Acesso em 15.01.2021.

[79] CANCIAN, Natália. "Em decreto, Bolsonaro esvazia conselho de proteção a direitos da criança", *Folha*, 2019. Disponível em: https://www1.folha.uol.com.br/cotidiano/2019/09/em-decreto-bolsonaro-esvazia-conselho-de-protecao-a-direitos-da-crianca.shtml. Acesso em: 15.01.2021.

[80] RANCIÈRE, Jacques. *O ódio à democracia*. Trad. Mariana Echalar. São Paulo: Boitempo, 2014, p. 92 e 95.

CAPÍTULO II - A SOBERANIA USURPADA E AS ILUSÕES...

Ódio à democracia que no século XXI não se contém. No Brasil de 2019, o filho do presidente da república, vereador da cidade do Rio de Janeiro, Carlos Bolsonaro, em setembro, afirmou que "por vias democráticas" as transformações esperadas para o Brasil não ocorreriam no tempo que se desejava.[81] No mês seguinte, outro filho do presidente, o deputado federal Eduardo Bolsonaro, sugeriu a edição de um ato normativo similar ao Ato Institucional n. 5, emblemática norma autoritária produzida pela ditadura militar brasileira na década de 1960, como resposta aos adversários políticos que, em sua visão de mundo, pudessem vir a se "radicalizar".[82] O mesmo deputado que, no ano anterior, durante as campanhas eleitorais, afirmou que para fechar o Supremo Tribunal Federal bastaria um soldado e um cabo.[83]

Esta postura política insere-se no que o sociólogo e jurista português Boaventura de Sousa Santos denomina de "democracia de baixa intensidade", a democracia liberal que apresenta dupla patologia: a patologia de participação em razão do aumento gradual das abstenções em eleições, e a patologia da representação decorrente da percepção dos cidadãos de não se sentirem representados por quem elegeram. Essas patologias eram esperadas pelas democracias liberais elitistas que dominavam o cenário político do século XX e que desencorajavam a mobilização social. Para Boaventura de Sousa Santos, a democracia participativa é uma necessidade, e por isso defende uma "nova gramática social" *"(...) que rompa com o autoritarismo, o patrimonialismo, o monolitismo cultural*

---

[81] "Carlos Bolsonaro diz que país não terá transformação rápida por 'vias democráticas' e é criticado por autoridades", *G1*, 2019. Disponível em: https://g1.globo.com/politica/noticia/2019/09/10/carlos-bolsonaro-diz-que-pais-nao-tera-transformacao-rapida-por-vias-democraticas-e-e-criticado-por-autoridades.ghtml. Acesso em 15.01.2021.

[82] "Eduardo Bolsonaro fala em novo AI-5 'se esquerda radicalizar'", *Uol*, 2019. Disponível em: https://noticias.uol.com.br/politica/ultimas-noticias/2019/10/31/eduardo-bolsonaro-fala-em-novo-ai-5-se-esquerda-radicalizar.htm. Acesso em: 15.01.2021.

[83] DELLA COLETTA, Ricardo; BETIM, Felipe. "Filho de Bolsonaro ameaça STF e diz que para fechar corte basta 'um soldado e um cabo'", *EL PAÍS*, 2018. Disponível em: https://brasil.elpais.com/brasil/2018/10/21/politica/1540142442_181625.html. Acesso em 15.01.2021.

e o não reconhecimento das diferenças; tal gramática social implica um enorme investimento nos direitos econômicos, sociais e culturais".[84]

O que sempre se confirma diante de tantas reservas à oportunidade do povo de realmente participar (diretamente) das decisões políticas é que existem outras razões por trás. O filósofo político italiano Norberto Bobbio acentua:

> A principal razão pela qual o poder tem necessidade de subtrair-se do olhar do público está no desprezo ao povo, considerado incapaz de entender os supremos interesses do Estado (que seriam, no julgamento dos poderosos, os seus próprios interesses) e presa fácil dos demagogos.[85]

A opressão e a violência impingidas ao povo, ao longo de muito tempo, acumulam desgastes, intensificam a indignação popular, em algum momento mobilizações populares eclodem, a exemplo das reações em cadeia durante a Primavera Árabe[86] porque o povo conscientiza-se do quanto é alijado do poder, e por isso alternativas estratégicas a corromper a soberania popular e a democracia precisam ser revisadas e diversificadas. O século XX desenvolveu muitos caminhos para manter distantes o sentido da *soberania popular* e a realização da *democracia*. Os regimes autoritários – sejam eles totalitários, ditaduras ou outras espécies sugeridas por filósofos e cientistas políticos, sociólogos, historiadores – podem ser alcançados por *formas* as mais variadas, caminhos tantas vezes paralelos que podem até ser trilhados simultaneamente. Três deles merecem destaque porque se tornaram os principais legados ao século XXI: populismo, neoliberalismo e estados de exceção.

---

[84] SANTOS, Boaventura de Sousa. *A difícil democracia*: reinventar as esquerdas. São Paulo: Boitempo, 2016, pp. 17-18.

[85] BOBBIO, Norberto. *Teoria geral da política*: a filosofia política e as lições dos clássicos. Trad. Daniela Beccaccia Versiani. Rio de Janeiro: Elsevier, 2000, pp. 387-388.

[86] Movimentos de protestos, revoluções, manifestações populares que aconteceram a partir de dezembro de 2010 no Oriente Médio e norte da África. Entre os países envolvidos estavam a Tunísia, Egito, Líbia, Síria, Argélia, Iraque, Arábia Saudita e outros.

CAPÍTULO II - A SOBERANIA USURPADA E AS ILUSÕES...

Cada *forma* de autoritarismo enfatiza (mas não exclusivamente) um aspecto da vida política. O populismo é uma forma político-social de autoritarismo; o neoliberalismo é uma forma político-econômica de autoritarismo; estados de exceção são uma forma político-jurídica de autoritarismo. Pode-se lembrar dos regimes autoritários totalitários históricos (fascismo, nazismo) e reconhecer que todos contaram, em maior ou menor grau, com o *populismo*, e, no que se refere ao vínculo política e Direito, desenvolveram-se como *estados de exceção*, mas alguma das ditaduras da América Latina se apoiaram no *populismo* (na Argentina, Juan Domingo Perón; no Brasil, Getúlio Vargas), outras não (ditadura civil-militar no Brasil de 1964 a 1985), de todo modo foram *estados de exceção*. Nenhum dos regimes totalitários históricos foi *neoliberal* (ainda não havia se constituído esta ideia), mas muitas ditaduras foram e há as que são (no passado recente, o Chile do general Augusto Pinochet; no presente, a Hungria de Viktor Orbán), ainda assim todos os regimes neoliberais necessitam de *estados de exceção* para viabilizarem-se.

A seguir trato de duas formas que constituem regimes autoritários, populismo e neoliberalismo. No capítulo seguinte cuido da terceira, que é objeto central deste estudo, os estados de exceção.

2.1 Populismo: a personificação da soberania

As disputas conceituais em torno da palavra "populismo" referem-se, em sua maioria, às práticas políticas que ocorreram no século XX. Algumas análises associam logo à ascensão de Benito Mussolini na Itália, na década de 1920, e outros líderes personalistas surgidos na primeira metade desse século, outras pesquisas remetem a eventos após a 2ª Guerra Mundial. À direita e à esquerda do espectro político, o populismo é tratado, em princípio, como um modo de personificação da soberania: o líder carismático encarna a voz do povo, não como seu representante, mas como se o povo, por ele, estivesse presente. Normalmente ocorre em altos cargos relacionados à função administrativa: presidente, primeiro-ministro, governador de Estado etc. Elabora-se o populismo no universo da ilusão, um mundo mágico, uma áurea mística criada em torno de um líder político que incorpora a soberania. *O populismo é uma forma político-social do autoritarismo.*

Em termos globais, pensando-se numa teoria geral que encontre elementos comuns do populismo pelo mundo no século XX, o filósofo e historiador alemão Jan-Wener Müller identifica como traços recorrentes às múltiplas manifestações de populismo a ideia de que o líder populista reivindica a representação exclusiva do "verdadeiro povo"; traz como exemplo o presidente dos Estados Unidos, Donald Trump: *"(...) porque ele controla agora o poder executivo, é o povo que controla o Governo"*. O conflito é bom para o populista enquanto puder usá-lo para demonstrar quem é o "verdadeiro povo". Para Jan-Wener Müller são condições à caracterização do populismo: (i) a crítica às elites; (ii) discursos antipluralistas; (iii) forma de política identitária. Daí se desdobram, entre estratégias e consequências, as seguintes ações práticas: (a) a tentativa de sequestrar o aparelho de Estado; (b) a corrupção sistemática; (c) o clientelismo de massas, assim entendido o conjunto de decisões do líder para prestar favores materiais e imateriais em apoio às massas que sustentam sua legitimidade. O perigo, no entanto, é que o populismo é:

> (...) uma forma degradada de democracia que promete cumprir os mais altos ideais da democracia ('Que governe o povo!'). O perigo vem, por outras palavras, de dentro do mundo democrático – os atores políticos que representam esse perigo falam a linguagem dos valores democráticos.[87]

O populismo é uma sombra à democracia representativa, diz o pesquisador. Para o populismo, apenas uma parte do povo compõe o "verdadeiro povo". Como disse Donald Trump durante a campanha eleitoral à presidência dos Estados Unidos, *"A única coisa que importa é a unificação do povo – porque os outros não significam nada"*. O populismo costuma ser forte onde o sistema de partidos é fraco, conclui Jan-Werner Müller.[88] Mas o populismo mostra – por isto surge – que há uma crise de representatividade na sociedade.

---

[87] MÜLLER, Jan-Werner. *O que é o populismo?* Trad. Miguel Freitas da Costa. Alfragide: Texto Editores, 2017, p. 9, pp. 18-20, 111-113 e 22.

[88] MÜLLER, Jan-Werner. *O que é o populismo?* Trad. Miguel Freitas da Costa. Alfragide: Texto Editores, 2017, pp. 37 e 91.

CAPÍTULO II - A SOBERANIA USURPADA E AS ILUSÕES...

Representante de uma corrente minoritária é o filósofo argentino Ernesto Laclau. Por outra perspectiva, vislumbra no populismo um meio de reativar a política e redemocratizar a democracia com o incentivo à participação do povo numa elaboração discursiva de identidades coletivas, nas quais demandas podem ser articuladas. O discurso é o *"(...) território primário da construção da objetividade enquanto tal"*, não apenas falas e escritas, também outras relações constitutivas.[89]

Mas a acepção predominante sobre populismo é mesmo negativa. A cientista política argentina Yanina Welp sintetiza o fenômeno como uma estratégia discursiva que identifica o povo com a verdade e o outro ator (aristocracia, governo, rei etc) com a elite corrupta causadora de todos os males.[90]

Quem anseia por ser um líder populista percorre a trajetória na qual se anuncia como suposta encarnação da vontade do povo, melhor, do "verdadeiro povo", tal como o fez Jair Bolsonaro em outubro de 2018, enquanto ainda candidato à presidência da república do Brasil, ao ameaçar adversários políticos e a imprensa de que o seu destino seria a cadeia ou o exílio.[91] Depois, eleito e empossado no cargo de presidente no Brasil de 2019, ao discursar na Assembleia Geral da Organização das Nações Unidas, afirmou que há "um novo Brasil" e na sequência atacou, além de outros países, a mídia, ambientalistas e minorias de seu próprio país.[92] O líder populista, ou quem deseja sê-lo, toma por largada, premissa de ação política, a personificação da soberania, ao menos parte dela, o que significa que precisa mobilizar o ódio para aniquilar, "purificar" a

---

[89] LACAU, Ernesto. *A razão populista*. São Paulo: Editora Três Estrelas, 2013, p. 116.

[90] WELP, Yanina. *Todo lo que necesitás saber sobre las democracias del siglo XXI*. Buenos Aires: Paidós, 2018, p. 135.

[91] "Bolsonaro ameaça adversários de cadeia em discurso transmitido na Avenida Paulista", Revista *Fórum,* 2021. Disponível em: <https://revistaforum.com.br/politica/bolsonaro-ameaca-adversarios-de-cadeia-em-discurso-transmitido-na-avenida-paulista/>. Acesso em 15.01.2021.

[92] "Em discurso ideológico e agressivo, Bolsonaro ataca socialismo, Cuba e Venezuela", *CBN*, 2019. Disponível em: https://cbn.globoradio.globo.com/media/audio/275692/em-discurso-ideologico-e-marcado-por-pesados-ataqu.htm. Acesso em: 15.01.2021.

sociedade, combater todos aqueles que, em sua estreita ótica, não deveriam fazer parte do povo, do "seu povo". O "verdadeiro povo" do líder – ou aspirante – populista normalmente é circunscrito numa parcela da sociedade. Pois para nela se conter, na visão do populista, o indivíduo precisa ter uma orientação política específica: algumas estreitas leituras de mundo sobre costumes, aspectos possíveis de vida social (excludentes de outros), consumos culturais marcados pela passividade do leitor/expectador, intolerância ao diálogo e à diversidade sexual, ser refratário a políticas afirmativas de compensação de discriminações históricas, mas sobretudo é necessário atender aos ideais de submissão e fidelidade cega.

O populismo reivindica uma moral exclusiva. O populista não suporta a diversidade, a pluralidade, as tensões e contradições inerentes à democracia. Não há espaço a comportar visões diferentes de mundo. Basta a sua, supostamente a do "verdadeiro povo". A educação, espaço natural de reflexão e crítica, torna-se um dos principais adversários de políticos populistas. Não por acaso, no Brasil de 2019, o governo federal dedicou-se sistematicamente a confrontar a educação; ora ao impor uma rígida disciplina com o propósito de enfraquecer as vozes discordantes, tal ao tentar que as crianças nas escolas saudassem o governo cantando o hino nacional, movimento conduzido pelo Ministério da Educação em *e-mail* dirigido às escolas do país com a citação do lema de campanha do presidente no ano anterior, "Brasil acima de tudo. Deus acima de todos!", símbolo do "Brasil dos novos tempos",[93] ora ao atacar as universidades, novamente pelo Ministério da Educação, apequenando-as a locais de "balbúrdia" e comércio e consumo de drogas[94], ou ainda na fala agressiva e desrespeitosa do próprio presidente da república que chamou estudantes que protestam de "idiotas úteis" e "imbecis".[95]

---

[93] "MEC envia carta às escolas pedindo que crianças sejam filmadas durante execução do Hino Nacional", *G1*, 2019. Disponível em: https://g1.globo.com/educacao/noticia/2019/02/25/mec-envia-carta-as-escolas-pedindo-que-criancas-sejam-filmadas-durante-execucao-do-hino-nacional.ghtml. Acesso em: 15.01.2021.

[94] "Abraham Weintraub diz que universidades federais têm cracolândia", *Carta Capital*, 2021. Disponível em: https://www.cartacapital.com.br/educacao/abraham-weintraub-diz-que-universidades-federais-tem-cracolandia/. Acesso em: 15.01.2021.

[95] "'Bolsonaro sobre estudantes que protestam: são uns idiotas úteis, uns imbecis'", *Revista*

Mas não é apenas na área da educação que o pluralismo é alvo de ataques dos populistas. A comunicação do Banco do Brasil, uma empresa estatal e instituição financeira que faz publicidade para alcançar novos clientes, sofreu direta intervenção pessoal do presidente Jair Bolsonaro. A peça publicitária que destacava a diversidade de raça e gênero foi retirada do ar.[96] Não foi a primeira vez. Em semelhante ação protagonizada pelo Ministério da Saúde houve a suspensão de uma cartilha voltada para mulheres trans.[97]

O historiador argentino Federico Finchelstein situa o fenômeno do populismo principalmente após a 2ª Guerra Mundial. Diz, em concordância com as análises dominantes na ciência política, que, tal como o fascismo, também o populismo interpreta sua posição como *"(...) a única e verdadeira forma de legitimidade política"*. A oposição é acusada de agir contra os desejos do povo. Ele define o populismo como uma "democracia autoritária", uma reformulação do fascismo no pós-guerra. Enquanto o fascismo é a violência política como fonte de poder político, o populismo constitui-se por uma visão sacralizadora da política, uma "teologia política", porque apenas os seguidores de um "líder iluminado" compõem o "verdadeiro povo" e os opositores políticos são seus inimigos. A diferença em relação ao fascismo, para este historiador, é que o populismo se limita à criação retórica do seu povo e se abstém de práticas violentas extremas. Em suas palavras:

> (...) à diferença do fascismo, o populismo não marginaliza totalmente os "inimigos do povo" do processo político. Seus líderes

---

Fórum, 2021. Disponível em: https://revistaforum.com.br/politica/bolsonaro-sobre-estudantes-que-protestam-sao-uns-idiotas-uteis-uns-imbecis/. Acesso em: 15.01.2021.

[96] FORMENTI, Lígia; BRONZATI, Aline. "Bolsonaro veta peça publicitária para o Banco do Brasil", *Estadão*, 2019. Disponível em: https://politica.estadao.com.br/noticias/geral,bolsonaro-veta-peca-publicitaria-para-o-banco-do-brasil,70002804388. Acesso em: 15.01.2021.

[97] FORMENTI, Lígia. "Ministério da saúde retira do ar cartilha para a população trans", *Estadão*, 2019. Disponível em: https://saude.estadao.com.br/noticias/geral,ministerio-da-saude-retira-do-ar-cartilha-para-populacao-trans,70002667359. Acesso em: 15.01.2021.

e seguidores querem derrotar os candidatos com procedimentos democráticos formais. As eleições, e não a eliminação, são as fontes de legitimidade chave no populismo.[98]

À direita ou à esquerda das formas de política econômica, isto é, para modelos de Estado (neo)liberais (mínima intervenção estatal na atividade econômica, reduzida estrutura de serviços públicos e sociais) ou sociais (oposto), Federico Finchelstein relaciona exemplos históricos: o peronismo argentino no pós-guerra, Getúlio Vargas (entre 1951-1954), gaitanismo, na Colômbia (fim da década de 1940), José María Velasco Ibarra, no Equador (até 1970), Carlos Menem, na Argentina (1989 a 1999), Fernando Collor de Mello no Brasil (1990 a 1992), Abdalá Bucaram, no Equador (1996 a 1997), Alberto Fujimori, no Peru (1990 a 2000), Silvio Berlusconi, na Italia (1994 a 1995, 2001 a 2006, 2008 a 2011), os Kirchner na Argentina (2003 a 2015), Hugo Chávez, na Venezuela (1999 a 2013), sucedido por Nicolás Maduro (2013 em diante), Rafael Correa, no Equador (2007 a 2017), Evo Morales, na Bolívia (2006 a 2019), e também, entre os mais atuais, Recep Tayyip Erdogan, na Turquia, Viktor Orbán, na Hungría, Donald Trump, nos Estados Unidos.[99]

Estudos desenvolvidos no Brasil, sobre o populismo, reiteram os elementos acima expostos contextualizados com a história do país. O historiador Jorge Ferreira lembra a influência do sociólogo argentino Gino Germani, na década de 1950, enquanto teórico que sustentou ter sido a passagem de uma sociedade tradicional para uma sociedade moderna o advento de um rápido processo de urbanização e industrialização que mobilizou as "massas populares", e este grupo, impaciente, exigiu uma participação política e social que, supostamente, não estava preparado para enfrentar. De uma "economia tradicional" da vida rural para uma "economia de mercado", o que se denominou *teoria*

---

[98] FINCHELSTEIN, Federico. *Del fascismo al populismo em la historia*. Trad. Alan Pauls. Barcelona: Taurus. 2019, pp. 256, 259, 268, 1.731, 433, 485 e 1.660.

[99] FINCHELSTEIN, Federico. *Del fascismo al populismo em la historia*. Trad. Alan Pauls. Barcelona: Taurus. 2019, pp. 1776 e seguintes.

CAPÍTULO II - A SOBERANIA USURPADA E AS ILUSÕES...

da modernização, permitiu-se a introdução na vida política de um novo ator coletivo, os camponeses. Neste mesmo período, um grupo de intelectuais brasileiros envolvidos pela teoria da modernização, sob o patrocínio do Ministério da Agricultura, formou o que se conheceu por Grupo de Itatiaia (Hélio Jaguaribe, Guerreiro Ramos e outros) para estudar o "populismo na política brasileira". As conclusões à definição do populismo brasileiro: (i) política de massas vinculada à modernização da sociedade (processo de proletarização de trabalhadores sem consciência de classe); (ii) condução por um líder populista[100]. A historiadora Ângela de Castro Gomes, sobre os estudos do Grupo de Itatiaia, resume a percepção da época: (i) política de "massas" (sem consciência e sentimento de classe); (ii) conformação da classe dirigente que perdeu sua representatividade e poder e por isto precisa do apoio político das massas emergentes; (iii) líder carismático. As massas não são atores, mas destinatários/objeto, então lhes resta serem *manipuladas.*[101] A teoria passou então a ser estudada nas universidades. Nas décadas seguintes, ressalta Jorge Ferreira, aparece o trabalho de Francisco Weffort sobre as relações entre as "massas" e os "líderes populistas": repressão, manipulação e satisfação (de alguns interesses do povo). Mas Jorge Ferreira critica e observa que as relações entre Estado e sociedade não eram num único sentido, "de cima para baixo", mas necessariamente de interlocução e cumplicidade – lembra a *circularidade cultural* do historiador italiano Carlo Ginzburg: *"(...) as ideias não são produzidas apenas pelas classes dominantes e impostas, sem mediações, de cima para baixo".*[102]

Nos jornais brasileiros entre 1942 e 1945, prossegue Jorge Ferreira, as palavras "populismo" e "populista" ainda não eram mencionadas; a partir de 1945, até 1964, foram lentamente introduzidas. Mas "populismo" não era acusação a ser lançada contra Getúlio Vargas ou João Goulart. Ao

---

[100] FERREIRA, Jorge. *O populismo e sua história*: debate e crítica. 3ª ed. Rio de Janeiro: Civilização Brasileira, 2013, pp. 61-68.

[101] FERREIRA, Jorge. *O populismo e sua história*: debate e crítica. 3ª ed. Rio de Janeiro: Civilização Brasileira, 2013, p. 49-51.

[102] FERREIRA, Jorge. *O populismo e sua história*: debate e crítica. 3ª ed. Rio de Janeiro: Civilização Brasileira, 2013, p. 98.

contrário, as palavras "populismo" e "populistas" não eram ofensivas, mas elogios no sentido de reconhecer-se um "líder popular". O período no Brasil identificado por historiadores com o populismo centra-se entre 1930 e 1964, mas com necessárias considerações para evitar-se o anacronismo: a crítica ao "populismo" e alguma tentativa de elaboração de seu significado científico começaram na década de 1950 pelo legado das práticas de Getúlio Vargas, mas ainda em descompasso com a percepção popular e uso da palavra e derivados na imprensa e linguagem cotidiana, que lhe imprimiam um sentido positivo. Apenas depois do processo de reabertura democrática, na década de 1980, ressurge o tema do populismo, anota Jorge Ferreira, em torno do qual se quer significar: (a) personalização e autonomia do poder executivo, (b) conciliação de classes, (c) ideal da Nação.[103]

Os líderes populistas contemporâneos demandam novos recursos discursivos à construção de sua base, legitimação popular e ascensão. Recentes estudos em ciência política perceberam uma tendência que é denominada de "contra-público". A cientista política Camila Rocha, em tese de doutoramento, esclarece que o conceito de contra-público foi inicialmente elaborado como crítica à teorização do filósofo alemão Jürgen Habermas sobre o processo de constituição da esfera pública e seus potenciais democráticos, porque ele faria uma descrição equivocada de um público unificado e normas discursivas estreitas e excludentes que desprezariam a existência de públicos alternativos, formados por grupos marginalizados da esfera pública, os contra-públicos.[104] Referindo-se à teórica política da filósofa estadunidense, Nancy Fraser, que denominou por "contra-públicos subalternos" as arenas discursivas paralelas, nas quais membros de grupos compartilham uma condição subordinada na vida social e desenvolvem discursos de oposição, Camila Rocha esclarece o passo seguinte no desenvolvimento deste conceito:

---

[103] FERREIRA, Jorge. *O populismo e sua história*: debate e crítica. 3ª ed. Rio de Janeiro: Civilização Brasileira, 2013, pp. 115-116 e 122.
[104] ROCHA, Camila. *Menos Marx, mais Mises*: uma gênese da nova direita brasileira (2006-2018). Tese de doutorado. São Paulo, 2018, p. 19.

CAPÍTULO II - A SOBERANIA USURPADA E AS ILUSÕES...

> (...) definições alternativas de contrapublicidade a partir de referenciais tecnológicos, performativos e linguísticos, mas a mudança mais significativa na redefinição desta categoria foi o abandono da ideia de que o atributo central dos contra-públicos seria a condição subalterna de seus membros (Thimsen, 2017), e nesse sentido se destaca a contribuição do crítico literário Michael Warner (2002).[105]

Camila Rocha esclarece a definição do crítico literário estadunidense Michael Warner: *"(...) um contra-público seria necessariamente imbuído de uma performatividade/poeticidade disruptiva"*. Os membros do grupo partilhariam identidades e interesses, e *"(...) discursos tão conflitivos com o horizonte cultural dominante que correriam o risco de enfrentarem reações hostis caso fossem expressos sem reservas em públicos dominantes, cujos discursos e modos de vida seriam tidos irrefletidamente como corretos, normais e universais"*.[106] Contra-públicos não-subalternos têm sido uma constante, e crescem exponencialmente em redes sociais na *internet*.

A noção de *performatividade disruptiva* compõe-se de discursos e ações que poderiam passar ao largo de referências assimiladas como valores culturais de civilidade do mundo contemporâneo. Discursos de ódio contra refugiados, homossexuais e negros, negação do holocausto e da crise mundial ambiental, adesão às teorias terraplanistas e vacinas causarem autismo, ou passeatas de grupos supremacistas brancos como a Klu Klux Klan ou de neonazistas, são exemplos de *contra-público*. Falas e ações em princípio desconexas com o suposto estágio civilizatório alcançado ao tomarem dimensões públicas, ocuparem ou circularem em espaços físicos e/ou virtuais, de todo modo públicos no sentido de permitirem a interação social, caracterizam o que se denomina de contra-público.

Na vida política do Brasil de 2019, as expressões de contra-público foram intensas e serviram, além da busca por um espaço político

---

[105] ROCHA, Camila. *Menos Marx, mais Mises*: uma gênese da nova direita brasileira (2006-2018). Tese de doutorado. São Paulo, 2018, pp. 19-20.

[106] ROCHA, Camila. *Menos Marx, mais Mises*: uma gênese da nova direita brasileira (2006-2018). Tese de doutorado. São Paulo, 2018, p. 20.

institucional de temas e ideias que poderiam parecer sem vez em algum país minimamente civilizado, de instrumento à constituição de um populismo messiânico mobilizador do ódio, da intolerância e da violência. Olavo de Carvalho, um guru do presidente Jair Bolsonaro, coleciona um sem número de supostas teses políticas, científicas, filosóficas que, em realidade, se resumem a expressões de preconceito, ataques violentos a pessoas e instituições, sem fundamentação coerente, falas permeadas de expressões grosseiras e obscenas;[107] o presidente Jair Bolsonaro, alinhado a esta performance disruptiva, ofendeu o presidente da França, Emmanuel Macron, e sua mulher, Brigitte Macron, com falas sobre a aparência física dela, e foi acompanhado pelo ministro da economia, Paulo Guedes;[108] o Ministro da Educação ofendeu publicamente uma seguidora em seu *Twitter,* chamando sua mãe de "égua sarnenta e desdentada";[109] a ministra da mulher, família e direitos humanos, Damares Alves, resumiu os adversários políticos ao "Cão", em referência ao diabo;[110] o presidente da república ofendeu a ativista ambiental sueca Greta Thumberg de "pirralha";[111] a um cidadão que perguntou ao presidente da república onde estava Queiroz, assessor de seu filho, Flávio Bolsonaro, quando este era deputado estadual no Rio de Janeiro, e

---

[107] TOM, Nêggo. "Olavo de Carvalho, o senhor dos absurdos filosóficos", *Brasil 247*, 2018. Disponível em: https://www.brasil247.com/blog/olavo-de-carvalho-o-senhor-dos-absurdos-filosoficos. Acesso em: 15.01.2021.

[108] "Após Bolsonaro, Guedes também ofende Brigitte Macron: 'é feia mesmo'", *Uol*, 2019. Disponível em: https://noticias.uol.com.br/politica/ultimas-noticias/2019/09/05/apos-bolsonaro-guedes-tambem-ofende-brigitte-macron-e-feia-mesmo.htm. Acesso em: 15.01.2021.

[109] "Ministro da Educação chama mãe de seguidora de 'égua desdentada'", *Congresso em Foco*, 2019. Disponível em: https://congressoemfoco.uol.com.br/governo/ministro-da-educacao-chama-mae-de-seguidora-de-egua-desdentada/. Acesso em: 15.01.2021.

[110] "'Não podemos subestimar o Cão', diz Damares sobre sobre volta da esquerda ao poder", *Último Segundo*, 2019. Disponível em: https://ultimosegundo.ig.com.br/politica/2019-10-12/nao-podemos-subestimar-o-cao-diz-damares-sobre-volta-da-esquerda-ao-poder.html. Acesso em: 15.01.2021.

[111] "Ativista Greta Thunberg muda descrição no Twitter para 'pirralha' após declaração de Bolsonaro", G1, 2019. Disponível em: https://g1.globo.com/natureza/noticia/2019/12/10/ativista-greta-thunberg-muda-descricao-no-twitter-para-pirralha-apos-declaracao-de-bolsonaro.ghtml. Acesso em: 15.01.2021.

CAPÍTULO II - A SOBERANIA USURPADA E AS ILUSÕES...

suspeito da prática ilícita de divisão de recursos do gabinete, ele respondeu "tá com a sua mãe";[112] ao presidente da Ordem dos Advogados do Brasil, Felipe Santa Cruz, cujo pai desapareceu durante o regime militar brasileiro por perseguição política do governo, o presidente da república, sem qualquer empatia com o sofrimento alheio, disse "Se o presidente da OAB quiser saber como o pai desapareceu no período militar, eu conto para ele";[113] ainda o presidente da república, durante o carnaval, postou em sua rede social vídeo pornográfico e iniciou o debate sobre o "golden shower";[114] para a Biblioteca Nacional foi nomeado Rafael Alves da Silva que expressou entusiasmo e apoio à violência física cometida por um jornalista contra outro, Glenn Greenwald, premiado profissional de renome internacional e crítico ao governo;[115] para o cargo de presidente da Funarte foi nomeado Dante Henrique Mantovani que elabora teorias conspiratórias a respeito dos Beatles e Elvis Presley terem surgido para implantar o comunismo e o gênero musical rock que *"(...) ativa a droga que ativa o sexo que ativa a indústria do aborto. E a indústria do aborto alimenta uma coisa muito mais pesada, que é o satanismo";*[116] para a

---

[112] MAZIEIRO, Guilherme. "Indagado 'e o Queiroz?', Bolsonaro responde: Tá com a sua mãe", *Uol*, 2019. Disponível em: https://noticias.uol.com.br/politica/ultimas-noticias/2019/10/05/indagado-e-o-queiroz-bolsonaro-responde-ta-com-a-sua-mae.htm. Acesso em 15.01.2021.

[113] MAZUI, Guilherme. "Bolsonaro: 'Se o Presidente da OAB quiser saber como o pai desapareceu no período militar, eu conto para ele'", *G1*, 2019. Disponível em: https://g1.globo.com/politica/noticia/2019/07/29/se-o-presidente-da-oab-quiser-saber-como-o-pai-desapareceu-no-periodo-militar-eu-conto-para-ele-diz-bolsonaro.ghtml. Acesso em: 15.01.2021.

[114] "Após postar vídeo com pornografia, Bolsonaro pergunta o que é 'golden shower'", *G1*, 2019. Disponível em: https://g1.globo.com/politica/noticia/2019/03/06/apos-postar-video-com-pornografia-bolsonaro-pergunta-o-que-e-golden-shower.ghtml. Acesso em: 15.01.2021.

[115] "Governo Bolsonaro nomeia novos presidentes para Funarte e Biblioteca Nacional", *Folha*, 2019. Disponível em: https://www1.folha.uol.com.br/ilustrada/2019/12/governo-bolsonaro-nomeia-novos-presidentes-para-funarte-e-biblioteca-nacional.shtml. Acesso em: 15.01.2019.

[116] "Beatles surgiram para implantar o comunismo, diz novo president do Funarte", *Folha*, 2019. Disponível em: https://www1.folha.uol.com.br/ilustrada/2019/12/rock-incentiva-industria-do-aborto-diz-novo-presidente-da-funarte.shtml. Acesso em: 15.01.2021.

Fundação Palmares, foi nomeado o jornalista Sérgio Camargo que relativizou a violência da escravidão no país, ofendeu de modo grotesco a ativista negra estadunidense Ângela Davis, reconhecida internacionalmente, deu expresso apoio à violência física de policiais contra negros e ainda desdenhou a morte de um ser humano, a vereadora Marielle Franco;[117] o próprio presidente da república negou a dívida histórica que as atuais gerações têm com a população negra em razão da escravidão;[118] no final do longo ano de 2019, em 20 de dezembro, durante uma entrevista, o presidente Jair Bolsonaro atacou mais uma vez a imprensa: fez referências à mãe do jornalista e ainda disse que ele tinha "cara de homossexual terrível".[119]

O conjunto de insultos, falas escatológicas, ofensas repulsivas que passam pelas manifestações, improvisadas ou previamente elaboradas, de autoridades políticas brasileiras em entrevistas, contato com o povo, discursos e comunicados oficiais, é assustador. Há poucos anos seria difícil imaginar no horizonte de distopias possíveis um universo tão grotesco e agressivo. As mais imaginativas criações ficcionais não conseguiriam alcançar os rumos para os quais a *performatividade disruptiva* conduziria o país e levaria ao surgimento de novos líderes populistas.

Por todo o planeta, neste século XXI, pululam ideais distópicos em falas e ações que fomentam conflitos sociais protagonizados pelas mais diversas personagens que encontram espaços em cargos públicos nos mais variados escalões, eletivos ou em nomeação por confiança, pessoas que vislumbram, intumescidos de ódio, rancor, ressentimento, movidos por recalques, a possibilidade de esmagar, oprimir, se possível exilar

---

[117] FREIRE, Diego. "Governo suspende nomeação de presidente da Fundação Palmares", *Veja,* 2019. Disponível em: https://veja.abril.com.br/politica/governo-suspende-nomeacao-de-presidente-da-fundacao-palmares/. Acesso em: 15.01.2021.

[118] SALGADO, Daniel; DAL PIVA, Juliana; MARTINEZ, Mariana. "Bolsonaro na TV: 'Negar dívida com escravidão é apagar a História', diz historiadora", *O GLOBO,* 2018. Disponível em: https://oglobo.globo.com/brasil/bolsonaro-na-tv-negar-divida-com-escravidao-apagar-historia-diz-historiadora-22938430. Acesso em: 15.01.2021.

[119] "Bolsonaro diz que reporter tem 'cara de homossexual terrível'; entidades de jornalistas reagem", *G1,* 2019. Disponível em: https://g1.globo.com/politica/noticia/2019/12/20/entidades-de-jornalistas-protestam-contra-ataque-de-bolsonaro-a-reporteres.ghtml. Disponível em: 15.01.2021.

CAPÍTULO II - A SOBERANIA USURPADA E AS ILUSÕES...

outros de quem simplesmente se discorda. A ignorância individual reveste-se de política pública de alcance nacional – às vezes além das fronteiras. Políticas públicas que se desenham, ensaiam-se, ganham formas de aberrações por esgarçarem a tessitura civilizatória conquistada a custa de muitos constrangimentos físicos e morais impingidos ao ser humano. A história da escravidão e as teorias raciais, as ditaduras que se empossaram nos Estados por todo o mundo e deflagraram governos que cometeram torturas e mortes, atrocidades constantes, são estes alguns exemplos entre tantos que pareciam ser reconhecidos como casos de lancinantes desumanidades de um passado sepultado, mas que voltam ao palco em outras personagens, com roteiro sutilmente distinto, e tornam-se, por expressões de contra-público que serpenteiam pelo mundo contemporâneo, alternativas que ressurgem de sombras dos piores momentos da história da humanidade.

A arquitetura do contra-público que se organiza em torno de instituições estatais confere, no século XXI, oportunidade a uma *nova ordem de populismo*: forma social de condução da vida política centrada no ódio e na intolerância, negacionismo da ciência, desrespeito pela memória do passado marcado por violências contra a humanidade, resgate do legado mais atroz das sociabilidades desumanas. A soberania popular torna-se uma farsa, pois é capturada por pessoas que ignoram a história e as ciências e querem – e usam o Estado – para a realidade social amoldar-se ao seu modo de ver o mundo.

A pandemia do Covid-19 no ano de 2020 franqueia horizontes diversos a respeito do populismo. O vírus alastrou-se imperialmente sobre o planeta e apenas cede, retrocede ou se elimina pela articulação da ciência. O vírus não cede ao populismo. Mas líderes populistas podem aproveitar-se da situação, da intensidade do medo da morte que permeia as sociedades, e aumentarem ainda mais seus poderes despóticos. Foi o que aconteceu pioneiramente na Hungria, na qual o primeiro-ministro Viktor Orban, por processo supostamente democrático, porque o consentimento foi dado por lei (outorga do Poder Legislativo), assegurou para si a possibilidade de indefinidamente governar por decreto.[120] Não

---

[120] PINTO, Ana Estela de Sousa. "Com 'lei do coronavírus', premiê húngaro obtém poder ilimitado para governor", *Folha*, 2020. Disponível em: https://www1.folha.uol.

foi o único. Com 85,9% de aprovação popular, o presidente de El Salvador, Nayib Bukele, deteve pessoas em "centros de contenção" que violaram o isolamento e simples suspeitos de terem contraído a doença em viagem ao exterior, locais com denúncias de falta de água, comida e remédios, e, apesar da Suprema Corte de Justiça determinar a libertação de quem não estivesse contaminado, a ordem foi ignorada. Nayib Bukele governa por *Twitter*: determina aos comandantes das Forças Armadas que realizem tal ou qual operação, e por esta rede social recebe as respostas: *"sim, senhor"*.[121] Outros líderes populistas negaram a gravidade da pandemia, o que é o caso do Brasil, pelo presidente Jair Bolsonaro que disse que se tratava de uma "gripezinha".[122] O embate entre populistas negacionistas das ciências e a realidade diária de milhares de vidas que são abatidas pela epidemia pode também enfraquecer algumas destas lideranças. Existem, portanto, perspectivas de horizontes distintos a descortinarem-se nos próximos anos: a intensificação da cegueira do poder populista ou a retomada da soberania pelo povo.

2.2 Neoliberalismo: o esvaziamento da democracia e a violência institucional do Estado

"Minha preferência pende a favor de uma ditadura liberal, não a um governo democrático em que não haja nenhum liberalismo". Esta fala, pronunciada por um economista neoliberal, poderia ser associada ao ministro da economia Paulo Guedes, no Brasil de 2019. Afinal, a memória recente permite resgatar a condescendência de Paulo Guedes na defesa

---

com.br/mundo/2020/03/primeiro-ministro-da-hungria-obtem-poder-para-governar-por-decreto.shtml. Acesso em 15.01.2021.

[121] COLOMBO, Sylvia. "Presidente de El Salvador usa quarentena para radicalizar autoritarismo no país", *Folha*, 2020. Disponível em: https://www1.folha.uol.com.br/mundo/2020/04/presidente-de-el-salvador-usa-quarentena-para-radicalizar-autoritarismo-no-pais.shtml. Acesso em: 15.01.2021.

[122] "'Gripezinha e histeria': cinco vezes em que Bolsonaro minimizou o coronavírus", *Congresso em foco*, 2020. Disponível em: https://congressoemfoco.uol.com.br/governo/gripezinha-e-histeria-cinco-vezes-em-que-bolsonaro-minimizou-o-coronavirus/. Acesso em: 15.01.2021.

de um novo ato institucional ditatorial ao dizer *"Não se assustem então se alguém pedir o AI-5. Já não aconteceu uma vez? Ou foi diferente? Levando o povo para a rua para quebrar tudo. Isso é estúpido, é burro, não está à altura da nossa tradição democrática"*.[123] Manifestações populares nas ruas são uma forma de tentativa de resgate da soberania subtraída pelo Estado. Mas o descaso pelo sentimento de crise de representatividade do povo e a frustração das promessas da democracia predomina entre muitos economistas neoliberais. A frase do início deste parágrafo foi do economista Friedrich August von Hayek (1899-1992), um dos principais expoentes da doutrina econômica neoliberal, em entrevista a um jornal chileno durante a ditadura de Augusto Pinochet (1915-2006).[124] Pode-se, portanto, de início, afirmar que *o neoliberalismo é uma forma político-econômica de autoritarismo*.

Existe uma contradição estrutural entre o neoliberalismo, de um lado, e a soberania popular e a democracia, de outro. Entender o processo constituinte deste modelo político-econômico que se torna hegemônico porque se estende à cultura, relações sociais, formas constituintes da subjetividade, é fundamental para perceber de que modos, por quais caminhos, a soberania popular esvai-se, escorre entre os dedos do povo que passa a deter a ilusão do poder. A democracia, o exercício do poder, é reelaborado para criar a ilusão de sua realização.

Como afirmam os franceses, filósofo Pierre Dardot e sociólogo Christian Laval, a soberania e a democracia não têm vez numa "sociedade de direito privado", na qual o Estado adota por princípio a submissão de suas decisões e programas às regras do direito privado porque *"(...) não pode assumir o risco de uma discussão pública sobre o valor dessas normas, a fortiori não pode aceitar entregar-se à vontade do povo para decidir essa discussão"*.[125]

---

[123] BETIM, Felipe. "Paulo Guedes repete ameaça de AI-5 e reforça investida radical do governo Bolsonaro", *El País*, 2019. Disponível em: https://brasil.elpais.com/brasil/2019/11/22/politica/1574424459_017981.html. Acesso em: 15.01.2021.

[124] SAFATLE, Vladimir. "A ditadura do sr. Guedes", *El País*, 2019. Disponível em: https://brasil.elpais.com/opiniao/2019-12-05/a-ditadura-do-sr-guedes.html. Acesso em: 15.01.2021.

[125] DARDOT, Pierre; LAVAL, Christian. *A nova razão do mundo*: ensaio sobre a sociedade neoliberal. Trad. Mariana Echalar. São Paulo: Boitempo, 2016, p. 184.

O neoliberalismo é uma teoria político-econômica pensada originalmente anos após a quebra da bolsa de Nova York, em 1929. Mais precisamente em agosto de 1938, quando ocorre o colóquio promovido pelo jornalista estadunidense, Walter Lippman, em Paris, no Instituto Internacional de Cooperação Intelectual (considerado um antecessor da Unesco). Walter Lippman e Louis Rougier assumem o protagonismo do encontro. Pierre Dardot e Christian Laval contextualizam o colóquio e as ideias sugeridas à época:

> A grande diferença entre esse neoliberalismo e o liberalismo antigo, segundo Rougier, é a concepção que eles têm vida econômica e social. Os liberais tendiam a ver a ordem estabelecida como uma ordem natural, o que os levava a sistematicamente tomar posições conservadoras, tendendo a manter os privilégios existentes. Não intervir era, em resumo, respeitar a natureza. (...) A novidade do neoliberalismo "reinventado" reside no fato de se poder pensar a ordem de mercado como uma ordem construída, portanto, ter condições de estabelecer um verdadeiro programa político (uma "agenda") visando a seu estabelecimento e sua conservação permanente.[126]

Louis Rougier defende o "retorno ao liberalismo", mas reconhece que está a propor algo diferente do naturalismo liberal, o que defende é um liberalismo ativo *"(..) que visa à criação consciente de uma ordem legal no interior da qual a iniciativa privada, submetida à concorrência, possa desenvolver-se com toda a liberdade"*. Para Walter Lippmann, o núcleo de sua proposta encontra-se na palavra *adaptação*: o neoliberalismo orienta-se pela necessidade de uma adaptação dos homens e das instituições *"(...) a uma ordem econômica intrinsicamente variável, baseada numa concorrência generalizada e sem trégua"*, afirmam Pierre Dardot e Christian Laval.[127]

A 2ª Guerra Mundial suspendeu o desenvolvimento destas ideias, afastou qualquer remota tentativa de implementação. Pois, a partir de

---

[126] DARDOT, Pierre; LAVAL, Christian. *A nova razão do mundo:* ensaio sobre a sociedade neoliberal. Trad. Mariana Echalar. São Paulo: Boitempo, 2016, p. 80.

[127] DARDOT, Pierre; LAVAL, Christian. *A nova razão do mundo:* ensaio sobre a sociedade neoliberal. Trad. Mariana Echalar. São Paulo: Boitempo, 2016, p. 80 e 90.

CAPÍTULO II - A SOBERANIA USURPADA E AS ILUSÕES...

1945 – considere-se o suicídio de Adolf Hitler em abril de 1945 e a subsequente rendição da Alemanha, ou as bombas atômicas lançadas pelos Estados Unidos em agosto contra Hiroshima e Nagasaki no Japão –, nos dias seguintes à rendição total dos vencidos, nos países europeus que foram palcos de destruição, nenhuma criança foi à escola, as pessoas não voltaram aos seus empregos, a vida não retornou. A Europa estava devastada e mergulhou em novos tempos de barbárie. Estima-se em 20 milhões o número de alemães desabrigados; o leste europeu, região que mais sofreu com a estratégia de guerra da "terra arrasada" (ou queimada),[128] ora adotada pelos russos quando os alemães avançaram, ora pelos alemães quando tiveram que recuar, apresentava um número estarrecedor de destruição: cerca de 84% dos prédios de Budapeste estavam destruídos, 50% das edificações de Berlim, são alguns exemplos; o percentual de mortos na guerra em relação à população total dos países antes do conflito era assombroso: Hungria, 5% da população total, Grécia, 6%, Iugoslávia, 6%, Estônia, 9%. Nos cinco primeiros anos depois do fim da guerra, alastrou-se a prostituição infantil. Estima-se que, apenas em Berlim, havia 53 mil crianças perdidas no verão de 1945. Um terço das crianças, na Alemanha, havia perdido os pais. Na Polônia, país que teve um sexto de sua população morta na guerra, contava-se haver cerca de um milhão de órfãos. Um terço das florestas da Grécia havia sido destruída. A fome por toda a Europa levava as pessoas a consumirem, com regularidade, grama, cães e ainda outros animais há tempos mortos, já iniciado o estado de putrefação. A prostituição em troca de comida foi uma constante. A criminalidade era incontrolável: só em Berlim, em 1946, havia uma média de 240 roubos por dia, estupros que chegaram à alarmante estimativa de dois milhões de mulheres só na Alemanha no período do pós-guerra. A violência não era motivada apenas pela sobrevivência, mas por vingança: na França, porque muitas mulheres tiveram relacionamentos com soldados alemães durante o regime de Vichy,[129] foram hostilizadas

---

[128] Estratégia de guerra na qual o exército que se vê na necessidade de recuar e deixar o local ocupado queima e destrói a região para dificultar ao inimigo o acesso a recursos como alimentos, água, suprimentos em geral, quaisquer outros equipamentos, e ainda abrigos ou espaços para acampamentos.

[129] É o nome dado ao Estado Francês durante a ocupação nazista entre 1940 e 1942. O

com a alcunha de "colaboradoras horizontais" e sofreram terríveis humilhações como a raspagem da cabeça em público, além de serem despidas e pintadas com a suástica nas nádegas ou nos seios. Distante de seus tradicionais padrões civilizatórios, a Europa tornou-se, como diz o historiador inglês Keith Lowe, um *continente selvagem*.[130]

A Europa do pós-guerra precisava ser reconstruída. Não havia a mínima possibilidade de adesão a qualquer modelo liberal de economia política. Os Estados europeus envolvidos na guerra precisavam se fazer presentes na vida das pessoas: interromper a violência sistêmica, oferecer serviços básicos como saúde, educação, alimentação, moradia, promover a oportunidade de empregos. Os que sobreviveram à guerra, apesar do trauma e das perdas irreparáveis, necessitavam de reconstruir suas vidas. O Estado precisava *intervir*, mas sem suprimir a liberdade, o que significava reafirmar a legitimidade do poder junto ao povo, assegurar direitos políticos de participação *democrática*. Começava-se a desenhar a *Social Democracia* na Europa ocidental como *Estado de Bem-estar social* – os países do leste europeu, sob o controle da União Soviética, separados por uma *cortina de ferro*,[131] conduziram-se a outro modelo de organização político-social-econômica.

O financiamento da Social Democracia ocorreria, principalmente, por parte dos Estados Unidos – não por altruísmo, mas por desdobramento da política a ser desenvolvida nesta sua área de "influência". O Plano Marshall, oferecido pelos estadunidenses, foi o programa de reconstrução econômica da Europa a partir de 1947, e permitiu a concretização do pensamento do economista inglês, John Maynard Keynes. Para John Keynes, o Estado deve contar com sua *agenda* e uma *não-agenda*, isto é,

---

governo francês era formalmente conduzido pelo marechal Philippe Pétain, mas em realidade submetido à Alemanha Nazista.

[130] LOWE, Keith. *Continente selvagem*. Trad. Rachel Botelho de Paulo Schiller. Rio de Janeiro: Zahar, 2017, partes I e II.

[131] Expressão atribuída ao primeiro-ministro britânico Winston Churchill para referir-se à divisão da Europa em duas partes, Europa Ocidental, sob o modelo capitalista e influência dos Estados Unidos e da Inglaterra, e a Europa Oriental, área de influência da União Soviética. Foi um dos marcos de início da chamada Guerra Fria.

CAPÍTULO II - A SOBERANIA USURPADA E AS ILUSÕES...

uma lista do que deve fazer, e outra do que não deve interferir. O Estado deve agir, diz John Keynes, de modo oposto ao de uma boa dona de casa – ela, em situação de crise, deve gastar menos, mas o Estado, se há situação financeira difícil para o mercado, deve aumentar as suas despesas correntes (consumo público) e despesas de capital (investimento público).

O Estado Social Democrático construído pela maioria dos países do ocidente continental europeu ao longo dos anos depois da 2ª Guerra Mundial acolheu as premissas de intervenção estatal e espaço público democrático, o que pode ser identificado em suas principais características, sintetizadas por Marilena Chauí, como: (i) inspirado nas ideias econômicas de John Keynes, combate à anarquia econômica liberal por ações de intervenção do Estado; (ii) investe em indústrias estatais, subsidia empresas privadas na indústria, agricultura e comércio; (iii) exerce controle sobre preços, salários e taxas de juros; (iv) assume, como competências públicas, um conjunto de encargos sociais e serviços públicos; (v) define direitos sociais, principalmente da classe trabalhadora; (vi) contempla demandas de cidadania política, a exemplo do sufrágio universal; (vii) orienta-se pela ideia de pleno emprego; (viii) desenvolve monopólios do Estado nacional.[132]

Não necessariamente todas estas características devem estar presentes, muito menos em máxima intensidade. Mas o perfil político "à esquerda" é reconhecido quando há este modelo de *intervenção social*. Dito de outro modo, define-se o Estado Social Democrático como a organização político-jurídico-econômica que *intervém* nas ordens social e econômica para reduzir a desigualdade material, o que se dá tanto por (i) atuações junto à livre iniciativa (empresas estatais e fomento a atividades privadas) quanto pela (ii) definição de atividades que são retiradas do livre mercado para serem *deveres* do Estado, os serviços públicos, (iii) regulação de atividades econômicas, o que tanto mais se intensifica quanto maior o impacto da atividade na economia do país, a exemplo do mercado financeiro e da atividade bancária, e, por último, (iv) a definição de instrumentos de participação política do povo que permitam dizer que a soberania lhe

---

[132] CHAUÍ, Marilena. *Convite à filosofia*. 14ª ed. São Paulo: Ática, 2012, pp. 496-498.

pertence, seja por ampliar o acesso ao voto (voto universal), seja por diversificar instrumentos de participação direta nas decisões políticas, como elaboração de projetos de lei (iniciativa popular), referendos, plebiscitos, seja por reconhecer o direito de manifestação popular com a ocupação de espaços públicos.

Mas, em paralelo à experiência concreta da social democracia, houve a retomada das ideias do Colóquio de Walter Lippmann, por um grupo de economistas, cientistas políticos e filósofos, que se reuniu em Mont Saint Pèlerin, na Suíça, em 1947, com destaque para as lideranças dos economistas Frederick Hayek, austríaco, Milton Friedman, estadunidense. Contrários ao Estado Social Democrático e à intervenção econômica inspirada em John Keynes, estes intelectuais elaboraram um projeto econômico que se apoiava na crítica aos deveres sociais assumidos pelo Estado Social e o seu papel regulador das atividades econômicas, ao argumento de que se comprometiam a liberdade dos cidadãos e a competição, e, por consequência, se afetava a prosperidade.

Eram ideias, apenas. Mas, durante a década de 1970, muitos países começaram a enfrentar dificuldades econômicas por conta da redução das taxas de crescimento econômico, o aumento da inflação, além das crises do petróleo no Oriente Médio. O Estado Social Democrático assumira muitas atribuições – serviços públicos, empresas estatais, fomentos – e as despesas aumentavam. A grave crise do capitalismo foi – na leitura dos neoliberais – contabilizada na conta do Estado de bem-estar social.

Surge a oportunidade aos defensores do neoliberalismo de materializarem as suas propostas. Marilena Chauí sintetiza o tratamento apresentado pelo grupo de Mont Sant Pèlerin:

> 1. Um Estado forte para quebrar o poder dos sindicatos e movimentos operários, para controlar o dinheiro público e cortar os encargos sociais e os investimentos na economia; 2. Um Estado cuja meta principal deveria ser a estabilidade monetária, que contém os gastos sociais e restaura a taxa de desemprego necessária para formar um exército industrial de reserva, quebrando o poderio dos

CAPÍTULO II - A SOBERANIA USURPADA E AS ILUSÕES...

sindicatos; 3. Um Estado que realizasse uma reforma fiscal para incentivar os investimentos privados e, portanto, que reduzisse os impostos sobre o capital e as fortunas, aumentado os impostos sobre a renda individual e, portanto, sobre o trabalho, o consumo e o comércio. 4. Um Estado que se afastasse da regulação da economia.[133]

O modelo sugerido era diametralmente oposto à social democracia. A implementação deste novo programa político que redefiniria a de , o direito e os costumes da sociedade pelo mundo contou com o intenso envolvimento de duas potências mundiais, a Inglaterra, por meio da voz da primeira-ministra Margaret Thatcher, e os Estados Unidos, representados por seu presidente, Ronald Reagan. A meta destes dois países era mudar o mundo. Na Inglaterra, lembra David Harvey, o Estado Social Democrático que surgiu no pós-guerra encontrava críticas que circulavam na imprensa e, ao assumir a primeira-ministra Margaret Thatcher, logo se iniciou a privatização de setores da economia em mãos do governo, mas, com a resistência encontrada, era preciso implementar à força uma "cultura do empreendedorismo".[134]

Quanto aos outros países na Europa Ocidental e na América Latina, o programa de expansão e implementação do neoliberalismo utilizou o recurso de troca de apoios financeiro e político, e mesmo militar em alguns casos, como da Inglaterra e dos Estados Unidos, por meio do FMI e do Banco Mundial. Países que precisavam de empréstimos financeiros deveriam se comprometer, para serem contemplados, com a adesão a reformas constitucionais de suas ordens jurídicas para acolherem a nova racionalidade de governo e gestão da vida social. A política de globalização do neoliberalismo iniciou-se no Chile: o golpe ao governo legitimamente eleito do presidente Salvador Allende e a ascensão do general Augusto Pinochet, em 1973, contou com o apoio militar dos Estados Unidos, em troca do compromisso deste último de reformular a economia do país para expressar a racionalidade neoliberal. Posteriormente, o Consenso de

---

[133] CHAUÍ, Marilena. *Convite à filosofia*. 14ª ed. São Paulo: Ática, 2012, pp. 498-499.
[134] HARVEY, David. *O neoliberalismo*: história e implicações. Trad. Adail Sobral e Maria Stela Gonçalves. São Paulo: Loyola, 2014, p. 28 e 71.

Washington de 1989, com a participação direta do FMI e do Banco Mundial, estabeleceu, para a comunidade financeira internacional, um conjunto de "recomendações" a serem seguidas por todos os países que necessitassem e desejassem conseguir empréstimos e auxílios financeiros – recomendações que eram condições impositivas à obtenção destes recursos econômicos. Mais à frente, com o primeiro-ministro Tony Blair, a Inglaterra manteve as orientações do thatcherismo: a "Private Finance Initiative" (ou "Public Private Partnership") que facultava, às empresas privadas, financiar e gerir os serviços públicos relacionados à saúde, educação e segurança. O Canadá reestruturou o setor público a partir de 1988, tal como a Austrália, a Nova Zelândia, a Dinamarca e a Suécia. O *Relatório sobre o desenvolvimento mundial* de 1997, do Banco Mundial, propôs a substituição do termo "Estado mínimo" por "Estado melhor", lembram Pierre Dardot e Christian Laval.[135] Durante o governo do presidente Fernando Henrique Cardoso, entre 1995 e 2003, o Brasil também se socorreu de empréstimos internacionais. O ministro da Fazenda, Pedro Malan, conduziu a negociação de um empréstimo de US$ 30 bilhões com o FMI, em 2002.

Sobre a "nova razão do mundo" que se firmava ainda na década de 1990, Pierre Dardot e Christian Laval contextualizam o período:

> Um grande número de teses, relatórios, ensaios e artigos para dizer: o seguro-desemprego e a renda mínima são os responsáveis pelo desemprego; os gastos com saúde agravam o déficit e provocam a inflação dos custos; a gratuidade dos estudos incentiva a vadiagem e o nomadismo dos estudantes; as políticas de redistribuição de renda não reduzem as desigualdades, mas desestimulam o esforço; as políticas urbanas não eliminaram a segregação, mas tornaram mais pesada a taxação local.[136]

Para Milton Friedman, a "liberdade de escolher" resume as qualidades do capitalismo concorrencial. A promoção da concorrência deve

---

[135] HARVEY, David. *O neoliberalismo*: história e implicações. Trad. Adail Sobral e Maria Stela Gonçalves. São Paulo: Loyola, 2014, p. 311.

[136] HARVEY, David. *O neoliberalismo*: história e implicações. Trad. Adail Sobral e Maria Stela Gonçalves. São Paulo: Loyola, 2014, pp. 209-210.

CAPÍTULO II - A SOBERANIA USURPADA E AS ILUSÕES...

ser uma das principais missões do Estado. Deve-se *criar* a concorrência. O pressuposto da governança é que a gestão privada seria sempre mais eficiente do que a Administração Pública. A iniciativa privada seria reativa, flexível, inovadora, então o neoliberalismo deveria ser o *"(...) efeito disciplinador da concorrência como estímulo ao bom desempenho"*.[137]

A racionalidade neoliberal, para Pierre Dardot e Christian Laval, vai além da ordem econômica:

> O neoliberalismo não destrói apenas regras, instituições, direitos. Ele também *produz* certos tipos de relações sociais, certas maneiras de viver, certas subjetividades. Em outras palavras, com o neoliberalismo, o que está em jogo é nada mais nada menos que a *forma de nossa existência*. O neoliberalismo antes de ser uma ideologia ou uma política econômica, é em primeiro lugar e fundamentalmente uma *racionalidade* e, como tal, tende a estruturar e organizar não apenas os governantes, mas até a própria conduta dos governados.[138]

Pode-se sintetizar a racionalidade neoliberal sob dois alicerces fundamentais: (i) a generalização da *concorrência* como norma padrão de conduta; (ii) a *empresa* como *modelo de subjetivação*.[139] Por isto que é correto dizer que o neoliberalismo não é o herdeiro do primeiro liberalismo, nem quis resgatá-lo. O "neo" não representa qualquer saudosismo de uma época que se anseia retomar, pois o neoliberalismo não parte da ideia de uma ordem "natural" da economia ou da sociedade, não se sustenta no darwinismo social, ou no socialismo utópico (o progresso dos detentores dos meios de produção levaria à realização dos

---

[137] DARDOT, Pierre; LAVAL, Christian. *A nova razão do mundo*: ensaio sobre a sociedade neoliberal. Trad. Mariana Echalar. São Paulo: Boitempo, 2016, p. 225 e 290. HARVEY, David. *O neoliberalismo*. história e implicações. Trad. Adail Sobral e Maria Stela Gonçalves. São Paulo: Loyola, 2014.

[138] DARDOT, Pierre; LAVAL, Christian. *A nova razão do mundo*: ensaio sobre a sociedade neoliberal. Trad. Mariana Echalar. São Paulo: Boitempo, 2016, p. 16.

[139] DARDOT, Pierre; LAVAL, Christian. *A nova razão do mundo*: ensaio sobre a sociedade neoliberal. Trad. Mariana Echalar. São Paulo: Boitempo, 2016, p. 17.

proletariados), não é a defesa da abstenção do Estado no mercado. É o inverso. O Estado deve *intervir*. Não em nome de uma justiça social ou para reduzir as desigualdades, e sim para promover a *concorrência* em nome da liberdade e da crença de que o *modelo de empresa* deve permear todas as formas de vida e da produção cultural, a organização da sociedade e a estrutura de suas instituições.

Podem ser resumidas as seguintes características de um Estado de Direito Neoliberal: (i) não se vê o mercado como um dado natural e a economia como uma ciência natural, tal qual se pensava no século XIX, mas sim a atividade econômica como uma realidade construída, e para isto requer a *intervenção* ativa do Estado para estimular (i.1) a máxima *concorrência* e (i.2) a ideia de *empresa como modelo de subjetivação*, é dizer, cada indivíduo deve identificar-se e posicionar-se em seu âmbito profissional como uma *empresa*, um *empreendedor,* mesmo que na realidade haja uma distinção evidente de quem detém a titularidade do meio de produção e quem oferece a força de trabalho; (ii) o Estado deve submeter-se à mesma lógica de concorrência e do modelo de empresa, tornar--se, ao máximo, uma "sociedade de direito privado", o que implica (ii.1) *fugir para o direito privado* com a redução máxima de serviços públicos, licitações e concursos públicos, e (ii.2) mínima participação na regulação estatal de atividades econômicas.

Alguns exemplos desta racionalidade neoliberal permitem entender os seus pressupostos teóricos e algumas consequências práticas: (i) a privatização de presídios, a lógica de quantos mais presos maior a renda do parceiro privado responsável pela gestão do presídio torna-se um fator impositivo nesta equação, o que afeta diretamente o desenho de políticas públicas criminais como a defesa do menor encarceramento, incompatível com a parceria público-privada; (ii) projetos e reformas legislativas que pretendam afastar a Administração Pública do regime jurídico administrativo, a exemplo de aumentar as situações de dispensa de licitação (a), dispensa de concursos públicos (b), ou eliminar a estabilidade de cargos efetivos (c) como se esta prerrogativa não fosse essencial ao interesse da sociedade para preservar a atuação de agentes públicos da ingerência de pressões das instâncias políticas; (iii) a desregulação do Estado de atividades privadas, o que se denomina na

CAPÍTULO II - A SOBERANIA USURPADA E AS ILUSÕES...

atualidade por "uberização do trabalho", a ideia de que cada sujeito, "dono de si" (do seu horário, do seu planejamento, do seu instrumento de trabalho), uma "empresa-individual", um "empreendedor" em "máxima concorrência" com outros em igual condição, encontra-se melhor e mais realizado porque está livre das amarras de intervenções estatais nas relações profissionais.

A economia neoliberal é mais do que uma pauta econômica. É uma disciplina pessoal e cultural da sociedade. Foi o que Margaret Thatcher reconheceu: *"A economia é o método. O objetivo é mudar a alma"*. E ao acrescentar: *"a sociedade não existe, apenas homens e mulheres individuais"*.[140]

É preciso uma arquitetura político-jurídica para viabilizar o neoliberalismo: (a) a intervenção do Estado para (a.1) promover o máximo estímulo da concorrência e (a.2) a estruturação da força de trabalho sob o modelo empresa-indivíduo, e (b) a menor presença do Estado (b.1) em serviços públicos, assistenciais, redução de licitações e concursos públicos, e (b.2) desregulação da atividade econômica. O Direito, tanto pela ordem constitucional quanto por leis, decretos e atos administrativos que lhe conferem dinamicidade, é a narrativa prescritiva desta ideologia.

Mas vale recordar que se o Estado Social Democrático encontrou sua crise na década de 1970, o Estado Neoliberal deparou-se com a sua primeira em proporções globais em 2008, o que provocou, nos países amplamente envolvidos em sua racionalidade, a imersão em grave colapso financeiro. Em 2020, diante da pandemia do Covid-19 e o desafio aos Estados de apresentarem-se à vida das pessoas para acolherem na saúde pública e ampararem na economia, o neoliberalismo novamente é desnudado em sua incapacidade de operar em sociabilidade.

Pierre Dardot e Christian Laval capturam com precisão a extensão do neoliberalismo além da economia e das regras jurídicas:

---

[140] DARDOT, Pierre; LAVAL, Christian. *A nova razão do mundo*: ensaio sobre a sociedade neoliberal. Trad. Mariana Echalar. São Paulo: Boitempo, 2016, p. 331.

> O neoliberalismo não destrói apenas regras, instituições, direitos. Ele também *produz* certos tipos de relações sociais, certas maneiras de viver, certas subjetividades. Em outras palavras, com o neoliberalismo o que está em jogo é nada mais nada menos que a *forma de nossa existência*, isto é, a forma como somos levados a nos comportar, a nos relacionar com os outros e com nós mesmos.
>
> (...) o neoliberalismo antes de ser uma ideologia ou uma política econômica, é em primeiro lugar e fundamentalmente uma *racionalidade* e, como tal, tende a estruturar e organizar não apenas os governantes, mas até a própria conduta dos governados. A racionalidade neoliberal tem como característica principal a generalização da concorrência como norma de conduta e a empresa como modelo de subjetivação.[141]

Na medida em que reformas políticas neoliberais aprofundam as distinções sociais deparam-se com críticas, tomada de consciência de parcela da sociedade que antes a apoiava, e por isso o Estado, aparelhado por quem detém o controle dos meios de produção e do capital financeiro, precisa reagir para ceifar as manifestações populares que ocupam as ruas e a imprensa, que revela o sofrimento produzido pela ausência de políticas públicas a quem delas necessita, sobretudo por se encontrar numa cadeia de gerações desprovidas de acesso a capitais econômicos, culturais e sociais, sem contar discriminações enraizadas como o racismo estrutural. Daí a adequada asserção do jurista Rafael Valim sobre a relação entre o neoliberalismo e o estado de exceção: *"(...) quem é o verdadeiro soberano. Quem decide sobre a exceção atualmente é o 'mercado', em nome de uma elite invisível e ilocalizável; é dizer, 'o soberano na contemporaneidade é o mercado'"*.[142] Análises críticas reverberam entre observadores como o linguista, filósofo e ativista político estadunidense Noam Chomsky, ao asseverar que as reformas neoliberais são a antítese da democracia. Diz o intelectual:

---

[141] DARDOT, Pierre; LAVAL, Christian. *A nova razão do mundo*: ensaio sobre a sociedade neoliberal. Trad. Mariana Echalar. São Paulo: Boitempo, 2016, pp. 16 e 17.

[142] VALIM, Rafael. *Estado de exceção*: a forma jurídica do neoliberalismo. São Paulo: Editora Contracorrente, 2017, p. 33.

CAPÍTULO II - A SOBERANIA USURPADA E AS ILUSÕES...

> Um tema dominante é a limitação da arena pública e a transferência das decisões para as mãos de tiranias privadas que não prestam contas a ninguém. Um dos métodos utilizados para isso é a privatização, que elimina o público da influência potencial na política. Uma de suas formas extremas é a privatização dos 'serviços', categoria que abrange praticamente tudo que diz respeito ao interesse público imediato: saúde, educação, abastecimento d'água, e assim por diante". Uma vez que estes sejam eliminados do âmbito público pela 'comercialização dos serviços', as práticas democráticas formais são amplamente reduzidas a um dispositivo de mobilização periódica do público em favor dos interesses da elite e da 'crise da democracia' substancialmente superada".[143]

A democracia torna-se, gradualmente, uma ficção – ou, no máximo, reduzida aos grupos detentores de recursos econômicos. O sociólogo e jurista português Boaventura de Sousa Santos expõe a fragilidade da "democracia neoliberal":

> (...) a democracia neoliberal dá total primazia ao mercado dos valores econômicos e, por isso, o mercado dos valores políticos tem de funcionar como se fosse um mercado de ativos econômicos. Ou seja, mesmo no domínio das ideologias e das convicções políticas, tudo se compra e tudo se vende. Daí a corrupção endêmica do sistema político, corrupção não só funcional, como necessária. A democracia, enquanto gramática social e acordo de convivência cidadã, desaparece para dar lugar à democracia instrumental, a democracia tolerada enquanto serve aos interesses de quem tem poder econômico e social para tanto. (...) Nisso reside a primeira característica, de caráter constitucional, daquilo a que chamo 'Estado paralelo': um Estado constitucional preocupado com a construção de uma democracia capitalista moderna quando sua Constituição previa uma sociedade socialista sem classes.[144]

---

[143] CHOMSKY, Noam. *Estados fracassados*: o abuso do poder e o ataque à democracia. Trad. Pedro Jorgensen Jr. Rio de Janeiro: Bertrand Brasil, 2009, pp. 243-244.
[144] SANTOS, Boaventura de Sousa. *A difícil democracia:* reinventar as esquerdas. São Paulo: Boitempo, 2016, p. 22 e 41.

Contrário à soberania popular e à democracia, considerados empecilhos à *nova racionalidade* constituída pelo neoliberalismo, forma político-econômica que permeia todas as relações sociais, da economia política à gestão privada, do Direito ao consumo cultural e a valores do individualismo e da meritocracia em sociedades profundamente desiguais, e, no caso do Brasil, com o acréscimo do débito histórico decorrente do cruel e extenso regime escravocrata de quatro séculos que manteve enraizada a sua sedimentação social entre brancos e negros, o neoliberalismo precisa *combater* a oposição. A *violência* assumida pelo Estado, portanto, uma *violência institucional*, torna-se o recurso a cercear as manifestações democráticas e tentativas do povo de reivindicar seu poder.

Por isto, adverte o filósofo Vladmir Safatle:

> (...) o neoliberalismo não vende mais promessas, como fazia ainda nos anos 1980. Ele vende o medo, ou antes a distopia de uma sociedade militarizada, cuja brutalidade será escondida pela circulação em larga escala de frivolidade midiática, pelo culto de celebridades industrialmente produzidas e de violência asséptica estilizada. Por isso, nasce seu estágio distópico, o modelo neoliberal encontrará na extrema direita seu aliado preferencial. Sua gestão social será a de uma guerra civil contínua.[145]

A filósofa Marilena Chauí denomina o neoliberalismo como a nova forma do totalitarismo. Diz "totalitarismo" porque é movido pelo "princípio fundamental da formação social totalitária", isto é, *"(...) a afirmação da imagem de uma sociedade homogênea e, portanto, a recusa da heterogeneidade social, da existência de classes sociais, da pluralidade de modos de vida, de comportamentos, de crenças e opiniões, costumes, gostos e valores"*. Afirma "novo" pois em vez do Estado absorver a sociedade, tal como se pensa ao ouvir falar em totalitarismo pelas experiências históricas do século XX, ocorre o inverso: a sociedade é que absorve o Estado; *"(...) a sociedade se torna o espelho para o Estado, definindo todas as esferas sociais e políticas não apenas como organizações, mas, tendo como referência central o*

---

[145] SAFATLE, Vladimir. *Só mais um esforço*. São Paulo: Três Estrelas, 2017, p. 33.

mercado, como um tipo determinado de organização (...)". Tudo e todos adotam a forma de "empresa": a escola é uma empresa, o hospital, centro cultural, a igreja e, claro, o próprio Estado. Os valores republicano-democráticos são substituídos por práticas do "mercado". Direitos econômicos, sociais e políticos, tradicionalmente garantidos pelo Estado, transformam-se em serviços organizados e operantes pela lógica do mercado, isto é, a "privatização dos direitos". Diz a intelectual:

> O neoliberalismo vai além: encobre o desemprego estrutural por meio da chamada uberização do trabalho e por isso define o indivíduo não como membro de uma classe social, mas como um empreendimento, uma empresa individual ou "capital humano", ou como empresário de si mesmo, destinado à competição mortal em todas as organizações, dominado pelo princípio universal da concorrência disfarçada sob o nome de meritocracia.
>
> O salário não é visto como tal e sim como renda individual e a educação é considerada um investimento para que a criança e o jovem aprendam a desempenhar comportamentos competitivos. O indivíduo é treinado para ser um investimento bem sucedido e para interiorizar a culpa quando não vencer a competição, desencadeando ódios, ressentimentos e violências de todo tipo, destroçando a percepção de si como membro ou parte de uma classe social e de uma comunidade, destruindo formas de solidariedade e desencadeando práticas de extermínio.[146]

As consequências deste modo de operar, expõe Marilena Chauí, encontram-se em todas as dimensões da vida: (a) social e econômica: introduz o desemprego estrutural e a terceirização toyotista do trabalho, uma nova classe trabalhadora que tem sido chamada de "precariado", trabalhadores sem emprego estável, sem contrato de trabalho ou sindicalização, sem seguridade social, sua *"(...) mente alimentada e motivada pelo medo, pela perda da autoestima e da dignidade, pela insegurança"*; (b) política:

---

[146] CHAUÍ, Marilena. "Neoliberalismo: a nova forma do totalitarismo", *DCM*, 2019. Disponível em: https://www.diariodocentrodomundo.com.br/neoliberalismo-a-nova-forma-do-totalitarismo-por-marilena-chaui/. Acesso em: 15.01.2021.

fim da social-democracia com a privatização de direitos sociais, aumento da desigualdade e da exclusão, e fim da democracia liberal representativa, pois se trata a política como gestão, não como discussão e decisão públicas da vontade do povo por seus representantes eleitos; *"(...) os gestores criam a imagem de que são os representantes do verdadeiro povo, da maioria silenciosa com a qual se relacionam ininterruptamente e diretamente por meio do Twitter, de blogs e redes sociais"*; (c) judicialização da política: pois numa empresa e entre as empresas os conflitos resolvem-se no Judiciário, não nos debates políticos; (d) perfil dos gestores: atuam *"(...) como gangsters mafiosos que institucionalizam a corrupção, alimentam o clientelismo e forçam lealdades. Como o fazem? Por meio do medo. A gestão mafiosa opera por ameaça e oferece "proteção" aos ameaçados em troca de lealdades para manter todos em dependência mútua"*; (e) adversários políticos: são todos reduzidos a corruptos.

O medo de uma suposta desordem social é cultuado, mobilizado e difundido pelo Estado Neoliberal que diz necessitar do Direito para reafirmar a liberdade e a ordem, paradoxalmente, com a distribuição da violência contra greves e movimentos sociais, quaisquer vozes dissonantes. Se o Chile, como acima exposto, tornou-se o laboratório inaugural da implementação do neoliberalismo na década de 1980, em projeto de aprofundamento da clivagem entre ricos e miseráveis, em 2019 a fatura do pioneirismo alcançou o zênite diante da precarização das aposentadorias e das relações de trabalho, educação e saúde públicas severamente debilitadas. O povo chileno foi às ruas, mas enfrentou um Estado que logo se ergueu, um *Leviatã* brutal, que se lançou contra sua população que protestava nas ruas. Dezenas de pessoas ficaram cegas, vítimas de agressões de agentes públicos.[147] No Brasil de 2019, o presidente Jair Bolsonaro, atento ao que se desdobrava no Chile, criticou o povo chileno diante da possibilidade de protestos nas ruas,[148] e, para acentuar a violência

---

[147] LOMBRANA, Laura Millan; BOYD, Sebastian. "Repressão violenta da polícia chilena a protestos deixa dezenas de pessoas cegas", *Folha*, 2019. Disponível em: https://www1.folha.uol.com.br/mundo/2019/11/repressao-violenta-da-policia-chilena-a-protestos-deixa-dezenas-de-pessoas-cegas.shtml. Acesso em 15.01.2021.

[148] "Bolsonaro critica manifestações conduzidas pela população do chile", *R7*, 2019. Disponível em: https://noticias.r7.com/brasil/bolsonaro-critica-manifestacoes-conduzidas-pela-populacao-do-chile-23112019. Acesso em: 15.01.2021.

CAPÍTULO II - A SOBERANIA USURPADA E AS ILUSÕES...

estrutural do Estado brasileiro, elaborou um projeto de isenção de responsabilidade de agentes policiais que atuassem em cumprimento de determinações da Garantia da Lei e da Ordem contra manifestações populares.[149] A suposta excludente de responsabilidade por ele idealizada deveria ainda alcançar reintegrações de posse em área rural.[150]

A violência propaga-se como uma onda. O Estado a assume, formulam-se justificativas para o seu uso, o Direito é a sua narrativa legitimadora. A violência institucionaliza-se e torna-se estrutural sob a racionalidade neoliberal para manter o povo cada vez mais além das instâncias de decisões políticas. A separação entre classes aprofunda-se: ricos em número cada vez menor enriquecem, pobres em proporções exponenciais tornam-se miseráveis, grupos intermediários pauperizam-se sob o eterno sonho de ascensão.

As crises que se desdobram da pandemia do Covid-19 expõem com maior intensidade as falácias do neoliberalismo e a violência institucional e estrutural em seu horizonte. O idealizado Estado mínimo é incapaz de atender as necessidades sociais, tanto na saúde, a mais imediata, quanto na assistência social, fomento de atividades econômicas, pesquisas científicas em prevenção de outras patologias. O sociólogo e jurista português Boaventura de Sousa Santos enfatiza:

> Enquanto modelo social, o capitalismo não tem futuro. Em particular, a sua versão actualmente vigente – o neoliberalismo combinado com o domínio do capital financeiro – está social e politicamente desacreditada em face da tragédia a que conduziu a sociedade global e cujas consequências são mais evidentes do que nunca neste momento de crise humanitária global. O capitalismo

---

[149] SHINOHARA, Gabriel. "Bolsonaro envia ao congresso projeto que isenta militar de punição em operações", *O GLOBO*, 2019. Disponível em: https://oglobo.globo.com/brasil/bolsonaro-envia-ao-congresso-projeto-que-isenta-militar-de-punicao-em-operacoes-1-24092256. Acesso em 15.01.2021.

[150] VERDÉLIO, Andreia. "Governo prepara lei De uso de GLO em reintegração de posse no campo", *Agência Brasil*, 2019. Disponível em: http://agenciabrasil.ebc.com.br/politica/noticia/2019-11/governo-prepara-lei-de-uso-de-glo-em-reintegracao-de-posse-no-campo. Acesso em: 15.01.2021.

poderá subsistir como um dos modelos económicos de produção, distribuição e consumo entre outros, mas não como único e muito menos como o que dita a lógica da acção do Estado e da sociedade.[151]

Boaventura de Sousa Santos sintetiza o panorama do fracasso dos modelos neoliberais no enfrentamento da pandemia do Covid-19:

> Na presente crise humanitária, os governos de extrema-direita ou de direita neoliberal falharam mais do que os outros na luta contra a pandemia. Ocultaram informação, desprestigiaram a comunidade científica, minimizaram os efeitos potenciais da pandemia, utilizaram a crise humanitária para chicana política. Sob o pretexto de salvar a economia, correram riscos irresponsáveis pelos quais, esperamos, serão responsabilizados. Deram a entender que uma dose de darwinismo social seria benéfica: a eliminação de parte das populações que já não interessam à economia, nem como trabalhadores nem como consumidores, ou seja, populações descartáveis como se a economia pudesse prosperar sobre uma pilha de cadáveres ou de corpos desprovidos de qualquer rendimento. Os exemplos mais marcantes são a Inglaterra, os EUA, o Brasil, a Índia, as Filipinas e a Tailândia.[152]

Alinhado a esta leitura, o jurista Alysson Leandro Mascaro reflete sobre consequências possíveis da pandemia para o desenho neoliberal de Estado. A emancipação social é uma possibilidade.[153] Mas ele reconhece: *"É muito provável que, sem reação popular, a atual crise, cujo grau de flagelo social é altíssimo, seja recomposta em termos de uma ainda maior dominância neoliberal"*. Prossegue adiante para esclarecer: *"(...) a crise do capitalismo contemporâneo, agravada pela pandemia, buscará se resolver, pela dinâmica do*

---

[151] SANTOS, Boaventura de Sousa. *A cruel pedagogia do vírus*. Coimbra: Edições Almedina S.A., 2020, p. 24.
[152] SANTOS, Boaventura de Sousa. *A cruel pedagogia do vírus*. Coimbra: Edições Almedina S.A., 2020, p. 26.
[153] MASCARO, Alysson Leandro. *Crise e pandemia*. São Paulo: Boitempo, 2020, cap. 10, p. 2.

CAPÍTULO II - A SOBERANIA USURPADA E AS ILUSÕES...

capital e da coerção das formas, mediante seus próprios termos: liquidando os impasses internos de décadas da economia neoliberal e abrindo, por choque, novas possibilidades de acumulação. A crise é a solução da crise".[154]

A alternativa do neoliberalismo reafirmar-se nos próximos anos não será obra do acaso, mas resultado de ações políticas, jurídicas, sociais, culturais e econômicas, além – não poderá faltar – do recrudescimento da violência institucional e estrutural do Estado contra quem ousar discordar.

---

[154] MASCARO, Alysson Leandro. *Crise e pandemia*. São Paulo: Boitempo, 2020, cap. 10, p. 2; cap. 8, p. 3.

Capítulo III
ESTADOS DE EXCEÇÃO

O que se denomina "estado de exceção" apresenta muitas dimensões: sociais, econômicas, jurídicas, políticas. Espaços da vida em sociedade que se relacionam. Em geral, o temário associado a este signo, "estado de exceção", remete a eventos ocorridos a partir da década de 1920, totalitarismos e ditaduras, em síntese, *regimes autoritários* nos quais a vontade política se sobrepôs ao Direito, e por esta predominância do campo jurídico é que *estado de exceção é uma forma político-jurídica de autoritarismo*.

Adiantei, na introdução deste estudo, que os regimes autoritários do século XXI diferem-se em muito dos que marcaram a história do século passado. O autoritarismo político contemporâneo é fantasmagórico porque não se assume como tal nem se apresenta com uniformes, insígnias, gestuais e frases de saudação aos seus líderes; é dissimulado porque recusa seu viés antidemocrático, ao contrário, faz uso frequente da palavra "democracia", mesmo sem ter coerência com as suas ações; é fragmentado porque não se apresenta por completo, não domina de uma vez as instituições e, ao mesmo tempo, aniquila a liberdade de expressão, mas mina cada âmbito da vida democrática com investidas em intensidades diferentes, sempre obstinado em seus ataques intermitentes, e assim fragiliza gradualmente os espaços e sentidos da democracia. Por isso, prefiro denominar este fenômeno político-jurídico de *estados* de exceção (no plural). Educação, cultura, liberdade de expressão e independência dos Poderes são os seus focos principais. Deixa-se para a área econômica o diálogo parcial para aparentar ser uma democracia – mas ouve os empresários, raramente os trabalhadores.

Estados de exceção porque se escondem, fantasiam-se – geram ilusões –, produzem pantomimas democráticas, esquetes de representação popular, lançam-se sobre a educação, em seguida cedem um pouco, atravessam a cultura para pulverizar a diversidade, mas simulam respeitá-la ao substituir o pluralismo por projetos homogêneos, fustigam permanentemente a liberdade de expressão, esgarçam, em ataques cíclicos, a independência dos demais Poderes, se eles não encampam o projeto autoritário.

São estados de exceção porque a soberania popular é sufocada, pouco depois deixada respirar, em seguida volta a ser coarctada, adiante consegue se expressar, um trajeto circular no qual cada investida reduz o diâmetro do espaço em que cabe o poder político do povo.

Passarei, portanto, ao estudo da sistematização teórica introduzida pelo jurista alemão Carl Schmitt, mas sob o ponto de vista de que, na atualidade, o estado de exceção não é sólido e monolítico, mas pulverizado, impõe-se como *estados de exceção*.

3.1 Contextualização histórica e perspectivas contemporâneas

O *Estado de Direito* que se principiou em fins do século XVIII, na França e nos Estados Unidos, alinhou-se à monarquia parlamentar da Inglaterra e tornou-se referência a influenciar, no curso do século XIX, a realidade político-jurídica de outros Estados e os novos que surgiram – a "unificação" de reinos, antes independentes, como é o caso da Alemanha e da Itália. A ideia político-jurídica de Estado de Direito alcançou, no início do século XX, maturidade ao lado do desenvolvimento do Direito enquanto ciência e forma de estruturar e organizar poderes e órgãos de Estado, instrumento a viabilizar o exercício da soberania por meio da democracia representativa, idealização de padrões civilizatórios.

Mas, de imediato, o Estado de Direito passou a conviver com regimes autoritários. Sobretudo por experiências que começaram a

CAPÍTULO III - ESTADOS DE EXCEÇÃO

desenhar-se na Itália e logo depois na Alemanha e outros países, a suspensão do Direito pela política receberia, anos adiante, a denominação de *totalitarismo*. Um modo autoritário de organização do Estado que reuniu marcantes características históricas: (i) *"Nada deve existir acima do Estado, fora do Estado, contra o Estado"*, como defendeu o líder político italiano, Benito Mussolini; (ii) reafirmação do nacionalismo ressignificado pela defesa da possibilidade de ideais totalizantes – sem espaço ao pluralismo, às diferenças, ao debate –, ideias enfeixadas na figura do Estado, o que levou a um sentimento antidemocrático; (iii) romantismo: a idealização de um passado místico, cheio de glória, o que impunha a necessidade de um revisionismo histórico para ajustar o que não convinha ser lembrado; (iv) terror: o medo declaradamente utilizado como forma de controle social; (v) atuação de milícias: grupos civis armados que atuavam contra críticos do governo e contavam com respaldo do próprio Estado, tanto ao não coibir as suas investidas quanto ao garantir a impunidade por atos violentos consumados; (vi) partido único: o que definia o conjunto limitado de ideias admitidas a representar a nação; (viii) culto ao líder: sem espaço a divergências, sob o império de um único partido como mediador exclusivo do interesse da nação, a figura de um líder tornou-se necessária, consequência natural à opressão.

Relembro que neste estudo utilizo a palavra "autoritário" e suas derivações (autoritarismo, por exemplo) como gênero do qual são espécies: (a) totalitarismo: com suas características históricas, expostas no parágrafo anterior e as que vou desenvolver nos seguintes, reúne os regimes autoritários do início do século XX; (b) ditaduras: sem o componente específico do totalitarismo de querer construir o "homem novo" e o "mundo perfeito" compreende outras experiências autoritárias, tais como as que ocorreram na América Latina na segunda metade do século.

Apesar dos autoritarismos da Alemanha, Itália e União Soviética serem os mais conhecidos entre os que se estabeleceram nas décadas de 1920 e 1930, a Europa convulsionou em golpes militares e ditaduras que se difundiram no período: a ditadura militar do almirante Horthy, na Hungria, em 1919, golpe militar e depois a ditadura do rei Bóris, na Bulgária, a partir de 1923, ditadura do general Primo de Rivera, na Espanha, em 1923, ditadura militar do general Pangalos, na Grécia, em

1926, golpe militar do coronel Pilsudski, na Polônia, em 1926, ditadura militar iniciada com os generais Gomes da Costa e Carmona, em Portugal, em 1926, golpe militar de Antanas Smetona, na Lituânia, em 1926, ditadura do rei Alexandre, na Iugoslávia, em 1929, ditadura do rei Carol II, na Romênia, em 1930, golpe militar de Kontantin Päts, na Estônia, em 1934, golpe militar e ditadura de Umanis, na Letônia, em 1934.

Especificamente sobre o totalitarismo, breves passagens pela história da Alemanha permitem a compreensão da extensão do poder totalitário sobre o momento então presente e a idealização de futuro na vida do povo, e a importância do Direito à construção destes significados. Adolf Hitler chegou ao poder por instrumentos jurídicos e aparência de legalidade: em 30 de janeiro de 1933 ele foi nomeado Chanceler pelo Presidente Hindenburg; em 27 de fevereiro, diante do incêndio no Parlamento, foi aprovada pelo Legislativo a transferência da função legislativa ao Executivo, o que consumou o controle do Estado por Adolf Hitler com a morte, pouco depois, do presidente Hindenburg, ocasião em que se passou a nomear *Fuher* (líder e chanceler). A estruturação do totalitarismo necessitou do Direito: Leis de Nuremberg (1935) permitiram o desenvolvimento de políticas higienistas e de exclusão da cidadania dos judeus; Lei para a Restauração do Serviço Público Profissional visou regularizar as expulsões generalizadas de servidores de alto e baixo escalões pelas ações locais de camisas-pardas e do Partido, demissão de funcionários não arianos e quaisquer outros, cuja atividade política fosse contrária aos interesses do Estado nacionalista; decretos e atos administrativos permitiram a "nazificação" de associações (chamada de "processo de coordenação") para influir na política cultural e combater o que se cunhou por "bolchevismo cultural", a exemplo do *jazz,* considerado um estilo musical fruto de cultura racialmente inferior, dos afro-americanos, e nas artes a perseguição ao modernismo, além das queimas de livros; Lei do Mexerico Malicioso promoveu a restrição à liberdade de expressão aplicada contra quem criticasse o governo ou agentes públicos; Lei dos Editores tornou os editores pessoalmente responsáveis pelo conteúdo das publicações; Lei para o Confisco de Produtos de Arte Degenerada; Lei para Redução do Desemprego que permitiu conceder empréstimos pelo casamento a casais jovens, desde que a mulher abrisse mão do emprego e se comprometesse a não voltar ao mercado de trabalho até o empréstimo ser quitado;

CAPÍTULO III - ESTADOS DE EXCEÇÃO

intervenções do Estado na economia pelo Comitê de Alimentos (por exemplo, ao impedir a venda direta de leite e ovos aos consumidores), e junto a empresas químicas para determinar o desenvolvimento e produção de combustível sintético para veículos e aviões por meio da hidrogenação de carvão, e a "arianização" de empresas (eliminação de judeus dos quadros societários, venda das empresas de judeus etc); Lei de Proteção ao Comércio Individual, que proibiu redes de lojas de expandir ou abrir novas filiais, proibidas de acrescentar novas linhas ou abrigar departamentos independentes, como barbearias ou seções de confecção e conserto de sapatos, e determinou o fechamento de restaurantes e lojas de departamentos porque enfraqueciam restaurantes independentes; Lei para Prevenção de Prole com Doença Hereditária que prescreveu a esterilização compulsória de quem sofresse debilidade mental hereditária, esquizofrenia, psicose maníaco-depressiva, epilepsia, surdez, cegueira ou deformidade física hereditária, ou alcoolismo grave; Lei do Casamento que tornou possível o divórcio com base em infertilidade prematura ou recusa do cônjuge de procriar; Lei para a Proteção da Saúde Hereditária do Povo Alemão que proibiu casamento quando um dos cônjuges sofresse doença hereditária ou enfermidade mental; Decreto de dezembro de 1938 que proibia ciganos de viajarem em "hordas" (várias famílias) – Himmler chamava de "solução final para a questão cigana".

A filósofa alemã Hannah Arendt é uma das principais expoentes na reflexão sobre o totalitarismo. Ela diz que este regime autoritário não se confunde com os da Idade Antiga, não pode ser comparado com a *tirania* grega, ou a *ditadura* romana, ou o *absolutismo* monárquico na Idade Moderna porque é muito pior em violência, privação das liberdades e desejo de manter-se no poder. Defende a filósofa a compreensão das origens do totalitarismo em formas políticas do final do século XIX e início do XX, neste último caso, especial menção ela faz ao nazismo com Adolf Hitler. Para Hannah Arendt, a estrutura do totalitarismo gira em torno de três ideologias: (i) *antissemitismo*, (ii) *imperialismo*, entendido como o domínio colonial das raças brancas, especialmente na África, (iii) *comunismo* tal como implantado na União Soviética.[155] Apesar do prestígio

---

[155] ARENDT, Hannah. *Origens do totalitarismo*. Trad. Roberto Raposo. São Paulo:

conquistado por Hannah Arendt, com seu extenso e profundo estudo sobre o totalitarismo, é preciso anotar, como o faz o historiador português Fernando Rosas, que a construção analítica dela faz equivaler, ideológica e politicamente, o comunismo ao nazismo, o que lhe rende críticas porque, em certa medida, ocultam-se os vínculos entre o fascismo e o capitalismo, de um lado, e negligenciam-se as diferenças ideológicas e econômicas entre fascismo e comunismo, por outro, e pode induzir a uma polaridade entre *"(...) o mundo 'livre' e 'racional' do capitalismo e a tirania irracional do sistema soviético"*.[156]

O jurista português Diogo Freitas do Amaral diz que há em comum entre os regimes apontados por Hannah Arendt a ideia de superioridade de um grupo sobre outro, ora *raças* (brancos arianos), ora *classe* (proletariado). Em análise do pensamento dela, ele afirma que as ideologias totalitárias são *coletivistas* (nação, raça ou classe) e *historicistas* porque entendem a história da natureza e do ser humano submetida a leis científicas direcionadas a um fim predeterminado a consagrar a vitória do eleito (povo, raça "superior" ou classe).[157]

O sociólogo Luciano Albino ressalta a importância da violência na compreensão da obra de Hannah Arendt. O Estado moderno, diz o sociólogo alemão Max Weber, é o processo de monopólio do uso da força física ou de sua exclusividade pela mediação de instituições burocráticas. Mas Hannah Arendt reelabora a concepção weberiana, diz Luciano Albino, porque o Estado não é apenas o monopólio do uso da força, mas principalmente a difusão do *medo*, reproduzido por instituições e agentes burocráticos que exercem impessoalmente o seu ofício, seja matar, torturar ou mesmo exterminar em massa. É a *banalidade do mal*. Por meio do terror neutraliza-se a esfera política. O terror é instrumento político, não apenas meio para o extermínio, mas recurso para controlar

---

Companhia das Letras, 2012. – a crítica ao regime conduzido por Joseph Stálin não tem a mesma sistematização dos demais tópicos.

[156] ROSAS, Fernando. *Salazar e os fascismos:* ensaio breve de história comparada. Lisboa: Tinta da China, 2019, p. 16-17.

[157] AMARAL, Diogo Freitas do. *História do pensamento político ocidental*. Lisboa: Almedina, 2011, p. 549 e seguintes.

CAPÍTULO III - ESTADOS DE EXCEÇÃO

as massas obedientes. Sintetiza Luciano Albino, o totalitarismo no pensamento de Hannah Arendt funda-se no seguinte tripé: polícia, propaganda e terror, *"(...) entre os quais o medo transita e transcende como mote"*.[158]

Após a 2ª Guerra Mundial, a partir de processos de *responsabilização* do regime totalitário nazista pelo Tribunal de Nuremberg (1945-1946) – mesmo que existam falhas na apuração das responsabilidades, que nem todos sejam responsabilizados, a exemplo dos vencedores tal como a ausência de punição aos Estados Unidos que lançaram duas bombas atômicas no Japão –, e ainda com o auxílio de uma forte produção na *educação* e *cultura,* comprometida com *o registro histórico e a valorização da memória* do holocausto e outras atrocidades do regime nazista e da guerra como um todo, o que ocorre até hoje por livros, filmes romanceados e documentários, museus e obras de arte, que contam os terrores cometidos. Por este conjunto produziu-se um *legado da consciência histórica do autoritarismo.*

A existência de um *grau razoável de responsabilização* (i) e o *registro histórico e a valorização da memória* por meio da *educação* e da *cultura* (ii) produzem um ambiente de crítica social, capilarizado e consistente em argumentos, capaz de penetrar distintas classes sociais, alcançar pessoas com diversos níveis de formação educacional e cultural, e promover um senso comum de reprovação ao totalitarismo. Existem – e continuarão a existir – grupos de pessoas com mínima ou nenhuma empatia, capazes de celebrar a discriminação e a aniquilação do próximo, tal como ainda se encontram neonazistas, negadores do holocausto e de ditaduras consumadas, supremacistas raciais. Mas as nações que alcançaram algum sucesso em processos de responsabilização de agentes públicos e privados, que deram causa à morte e à tortura de outros seres humanos e que se comprometem permanentemente com a produção de registros históricos e a valorização da memória dos tempos de opressão, conquistam um nível mais alto de

---

[158] ALMEIDA FILHO, AGASSIZ (org). "Hannah Arendt: o terror como forma de governo". *In*: Novo manual de ciência política", pp. 423-425; 429. ALMEIDA FILHO, Agassiz; BARROS, Vinícius Soares de Campos. *Novo manual de ciência política*. 2ª ed. São Paulo: Malheiros, 2013.

sociabilidade. Os cidadãos, neste contexto de conscientização histórica, percebem melhor que há limites à ação política que não podem ser suplantados. O Brasil de 2019 ilustra as consequências do desprezo por estas diretrizes (responsabilização e memória): 90% dos cidadãos desconhecem o que foi o Ato Institucional n. 5, símbolo maior da ditadura que dominou o país por 21 anos, de 1964 a 1985.[159] Não é de espantar, então, a circulação de teses revisionistas da recente história do Brasil e pedidos irresponsáveis de intervenção militar.[160]

A conexão entre memória e democracia, numa dimensão política, é pesquisada pelo filósofo Edson Teles. Ao tratar da ditadura militar no Brasil (1964-1985) ele pontua que a memória coletiva que se expressa como memória nacional ocorre por meio de dados históricos e também pela "simbolização do ocorrido". As memórias instrumentalizam os eventos históricos *"(...) em função dos objetivos políticos do presente, conectando certa identidade a um passado comum e derivando daí a responsabilidade pelo futuro do grupo"*. Por isso, contextualiza:

> A memória das relações sociais é uma construção continuamente elaborada a fim de distinguir e vincular o passado em relação ao presente e ao futuro. (...) É o processo no qual algumas recordações são valorizadas, enquanto outras são descartadas ou alocadas em setores periféricos. O que se desvaloriza na elaboração presente da memória é o que será esquecido. O trabalho mnêmico ocorre justamente na tensão entre o lembrar e o esquecer.[161]

Especificamente sobre a lei de anistia (Lei n. 6.683/79) e a opção por isentar de responsabilidade as autoridades públicas que cometeram crimes de tortura e homicídio durante o regime militar, diz:

---

[159] "65% desconhecem o AI-5, diz Datafolha; 35% já ouviram falar", *G1*, 2020. Disponível em: https://g1.globo.com/politica/noticia/2020/01/01/65percent-desconhecem-o-ai-5-diz-datafolha-35percent-ja-ouviram-falar.ghtml. Acesso em: 15.01.2021.

[160] Disponível em: https://www.bbc.com/portuguese/brasil-52353804.

[161] TELES, Edson. *Democracia e estado de exceção*: transição e memória política no Brasil e na África do Sul. São Paulo: editora Fap-Unifesp, 2015, p. 37 e 41.

CAPÍTULO III - ESTADOS DE EXCEÇÃO

O consenso, elemento essencial da transição brasileira, negou caráter público à memória dos atos violentos do Estado: sua publicidade se viu reduzida à memória privada, à memória de indivíduos ou de grupos identitários, não incluídos entre os protagonistas do pacto.[162]

O legado da consciência histórica do autoritarismo e a capacidade de fazer a sua leitura são fundamentais para resistir aos regimes autoritários contemporâneos. Os cientistas políticos estadunidenses Steven Levitsky e Daniel Ziblatt afirmam que as atuais democracias não são atacadas por golpes militares ou outras formas de violência física, mas pelos governos eleitos. São os autocratas eleitos que subvertem a democracia ao se valerem das instituições democráticas pelas quais, gradual e sutilmente, atacam a própria democracia. Por outro lado, as normas básicas que preservam a democracia – e precisam ser observadas – são: (a) tolerância mútua: aceitar rivais como legítimos; b) contenção: ser comedido ao usar as prerrogativas institucionais. Os autores defendem os partidos políticos como guardiães da democracia. Apoiados em estudo anterior do sociólogo espanhol Juan Linz, formulam quatro sinais (não cumulativos) da possibilidade de constituir-se um regime autoritário: (i) rejeição das regras democráticas do jogo (ou compromisso débil com elas): a recusa da Constituição, medidas antidemocráticas como cancelar eleições ou suspender a Constituição, restrição de direitos civis, negativa sem fundamentos ao resultado de eleições; (ii) negação da legitimidade dos oponentes políticos: descrição de adversários como ameaças à segurança nacional, sem fundamentação, acusados de criminosos etc; (iii) tolerância ou encorajamento da violência; (iv) propensão à restrição de liberdades civis dos oponentes, inclusive e especialmente com ataques à imprensa.[163]

Os autores indagam: como autoritários eleitos destroem as instituições democráticas na atualidade? As estratégias podem ser

---

[162] TELES, Edson. *Democracia e estado de exceção*: transição e memória política no Brasil e na África do Sul. São Paulo: editora Fap-Unifesp, 2015, p. 60.
[163] LEVITSKY, Steven; ZIBLATT, Daniel. *Como as democracias morrem*. Trad. Renato Aguiar. Rio de Janeiro: Zahar, 2018, pp. 19-20, 70-71 e 33-34.

organizadas nas seguintes frentes: (a) dominar os "árbitros": tribunais cooptados ou por aposentadorias impostas a alguns magistrados (Argentina, Brasil, Peru durante as ditaduras), ou por aumento do número de magistrados da Corte para aumentar a influência (Hungria, Polônia, EUA na era Roosevelt, que queria contornar as restrições ao *New Deal*, o que não chegou a acontecer, mas serviu de ameaça à Suprema Corte), ou a extinção de um tribunal e a formação de um novo (Venezuela); (b) atacar oponentes: comprar ou enfraquecer oponentes; (c) mudar as regras do jogo: a exemplo do direito eleitoral (em 1882 na Carolina do Sul, Estados Unidos, regras eleitorais foram editadas para impedir a participação política dos analfabetos, e assim inviabilizar a presença dos negros entre os eleitores; mais recentemente, em 2016, os Estados Unidos exigiram que eleitores apresentassem carteira de motorista ou outro documento emitido pelo Estado com foto de identificação, o que na prática afastou parte dos eleitores negros e latinos). Em contrapartida, o que Steven Levitsky e Daniel Ziblatt denominam de *grades de proteção* da democracia são duas regras não escritas: (i) tolerância mútua entre os rivais políticos; (ii) reserva institucional: autocontrole, comedimento no uso de um direito legal, evitar que o ato ou a ação, apesar de respeitar a letra da lei, viole o seu espírito[164] – pode servir de exemplo o Brasil de 2019: para assumir a chefia do Ministério Público Federal, o cargo de Procurador Geral da República, o presidente Jair Bolsonaro indicou um integrante do órgão que sequer se encontrava na lista tríplice dos mais votados pelos integrantes da instituição.[165]

Neste cenário de regimes autoritários – totalitários ou ditaduras – do passado e do presente é fundamental o estudo dos *caminhos* que levam até eles. Os regimes autoritários, adiantados nos capítulos anteriores, podem ser alcançados por *formas* diversas, em muitos casos elas atuam em conjunto. Destaquei três: populismo, neoliberalismo

---

[164] LEVITSKY, Steven; ZIBLATT, Daniel. *Como as democracias morrem*. Trad. Renato Aguiar. Rio de Janeiro: Zahar, 2018, pp. 76-98.
[165] KRÜGER, Ana; MAZUI, Guilherme; OLIVEIRA, Mariana, "Bolsonaro indica Augusto Aras para novo procurador-geral; apuração depende do Senado", *G1*, 2019. Disponível em: https://g1.globo.com/politica/noticia/2019/09/05/bolsonaro-indica-augusto-aras-para-procurador-geral-da-republica.ghtml. Acesso em 15.01.2021.

CAPÍTULO III - ESTADOS DE EXCEÇÃO

e estados de exceção. Cada *forma* de autoritarismo realça (sem exclusividade) um aspecto da vida política. O populismo é a forma político-social do autoritarismo; o neoliberalismo é a forma político-econômica do autoritarismo; estados de exceção são a forma político-jurídica de autoritarismo. As duas primeiras formas foram desenvolvidas no capítulo dois.

A sistematização teórica do *estado de exceção* que adoto – por acreditar ser a que melhor retrata os ataques à soberania popular e à democracia – é a do jurista alemão Carl Schmitt (1888-1985). A proposta dele se mantém íntegra na perspectiva que defendo, e expliquei em passagens anteriores deste estudo, mesmo ao denominar esta forma político-jurídica de *estados de exceção* – no plural, pois, como justifiquei na introdução, *"Legião é o meu nome, porque somos muitos"*. Por isso, ao expor o pensamento de Carl Schmitt, utilizarei este ajuste – *estados* – sem prejuízo de anacronismo, uma vez que a operatividade analítica do seu pensamento não sofre qualquer alteração.

Carl Schmitt é considerado um realista político. Admirador do regime nazista, formulou um impressionante arcabouço teórico em defesa da imposição da vontade política sobre o Direito. A qualidade analítica deste jurista é tão expressiva que os elementos por ele identificados podem ser – e será o meu propósito – compreendidos não para a defesa de sua aplicação, a legitimação dos estados de exceção, mas, ao inverso, com o propósito de identificar (e resistir) situações nas quais a vida política de um país perigosamente principia este caminho sombrio. Se Nicolau Maquiavel, ao tempo do Renascimento italiano, escreveu *O Príncipe* como um manual de conduta a ser observado por um monarca que quisesse alcançar e manter-se no poder, e os estudos de sua obra são até hoje importantes para se perceber o modo de agir de políticos com tendências tirânicas, igualmente a análise do estado de exceção de Carl Schmitt é essencial para compreender as tensões entre a política e o Direito, como se dá o domínio do primeiro sobre o segundo, quais as implicações, os riscos à *normalização* de um regime autoritário, o que se estende além das relações entre Estado e cidadãos, porque as formas de abuso e dominação estruturam outros vínculos sociais – trabalho, família, educação, gêneros e raças.

Em 1934, o jurista austríaco Hans Kelsen, contemporâneo de Carl Schmitt, publicou seu livro *Teoria Pura do Direito,* que passaria a dominar a perspectiva do ensino jurídico. O Direito seria a ciência que teria por objeto a *norma jurídica,* um fenômeno a ser compreendido isoladamente, estudado em sua forma *pura,* isento de outras influências. É o que se denomina *positivismo jurídico.* O positivismo de Hans Kelsen inspira-se, mas é diferente, nas origens do positivismo do filósofo francês Auguste Comte (1798-1857) porque não admite o direito natural, mas apenas o que é prescrito pelo ordenamento jurídico. Mas o *positivismo* de Auguste Comte é *sociológico,* aceita apenas a sociologia como ciência dos fatos sociais. Hans Kelsen desenvolveu o *positivismo jurídico*: o cientista do direito deve ocupar-se da *norma jurídica* com exclusividade, o que implica afastar outros saberes que não tratam da validade e eficácia da norma jurídica, tais como filosofia, sociologia etc.[166] A norma jurídica, para Hans Kelsen, é uma *prescrição jurídica* que resulta tanto de um *ato de conhecimento* quanto de um *ato de vontade* da autoridade competente, isto é, do legislador ao editar a lei em conformidade (formal) com a Constituição, do administrador ao emitir atos a concretizar as leis, e do juiz ao proferir a sentença que tem por fundamento de validade a lei à qual se refere. A *proposição jurídica,* produção do cientista do direito, é *ato de conhecimento* porque se limita a *descrever* a norma jurídica. Mas o Direito persiste enquanto fenômeno isento da vontade política. A preocupação de Hans Kelsen com a pureza metodológica da ciência jurídica conduz sua teoria a centrar-se na *norma jurídica* como *fundamento de validade* que atribui competências a autoridades para emitirem outras normas jurídicas numa relação hierárquica e escalonada, piramidal. O Direito é um sistema dinâmico, mas sob a perspectiva exclusivamente formal, porque as normas apenas se limitam a atribuir competências. Pouco importa, portanto, qual é o seu conteúdo para a teoria pura do direito.

Mas a negação do conflito entre a política e o Direito na formação do ensino jurídico durante o século XX não foi suficiente para afastar esta realidade. Como diz o jurista Gilberto Bercovici: *"O direito constitucional*

---

[166] KELSEN, Hans. *Teoria pura do direito.* Trad. João Baptista Machado. São Paulo: Martins Fontes, 2003, capítulos I a III.

CAPÍTULO III - ESTADOS DE EXCEÇÃO

não é meramente técnico, mas é político, pois deve tratar da difícil relação da constituição com a política. A constituição não pode ser compreendida de forma isolada da realidade, pois é direito político, isto é, a constituição está situada no processo político".[167]

O que parece ter faltado à comunidade científica, ao tempo da apresentação da proposta da teoria pura do Direito de Hans Kelsen, foi ter levado Carl Schmitt mais a sério. Não para acolher a sua defesa da vontade política sobre o Direito, volto a insistir, mas para melhor compreender a dimensão desta realidade, a força de subjugação da vontade política sobre o Direito e a facilidade deste se tornar servil instrumento legitimador das vontades de ocasião de quem efetivamente conduz os rumos da organização social. Conscientizar-se da realidade desta conexão, política e Direito, e do potencial de submissão que a política impõe ao Direito permite – esta é chave de interpretação do resgate das ideias de Carl Schmitt em nosso tempo – estruturar resistências institucionais e sociais, desenvolver a capacidade de reação do próprio Direito para não atender de forma tão subserviente ao chamado de instrumento legitimador do arbítrio de poucos que se apoderam e encarnam o real poder soberano.

Carl Schmitt é crítico do formalismo teórico de Hans Kelsen porque recusa a perspectiva do poder dentro da reflexão jurídica. Diz: *"O conceito de Estado pressupõe o conceito do político".*[168] Para ele, tal como o milagre está para a teologia, a exceção está para o direito. A soberania, na leitura de Carl Schmitt, não se encontra com o povo. *Soberano é quem decide sobre o estado de exceção.* A soberania é a competência sobre o imprevisível, uma ordem com superioridade do político sobre o jurídico. Ele reconhece as influências e inspirações de Jean Bodin e Thomas Hobbes. De Jean Bodin porque nenhum Estado pode abrir mão do poder ditatorial sempre que a situação o exigir. O poder de decisão é necessário para que não se volte ao estado de natureza de Thomas

---

[167] BERCOVICI, Gilberto. *Soberania e Constituição*: para uma crítica do constitucionalismo. 2ª ed. São Paulo: Quartier Latin, 2013, p. 14-15.
[168] SCHMITT, Carl. *O conceito do político*. Trad. Alexandre Franco de Sá. Lisboa: Edições 70, 2015, p. 41.

Hobbes, no qual *"o homem é o lobo do próprio homem"* e prevalece a *"guerra de todos contra todos"*. O poder encontra-se na produção da *decisão política*, a exceção torna-se a regra e realidade insuperável do sistema jurídico e constitui-se o decisionismo institucionalista no qual o poder antecede, lógica e cronologicamente, o Direito. Quem é o titular do poder? Não é o povo, mas quem anuncia e faz realizar a exceção. A ideia de exceção é condição à compreensão do fenômeno do poder. Exceção é a decisão que dá teor à norma, tanto em sua formulação primária, a elaboração e anunciação de um texto normativo, quanto na interpretação e aplicação. O Direito decorre das instituições existentes, não é o seu fundamento de validade. O móvel político antecede, fundamenta e legitima a criação e dinâmica da ordem jurídica. As propostas de Carl Schmitt são contrárias à separação dos Poderes, à democracia, ao pluralismo político, porque é preciso um líder, um *Füher* – daí a compatibilidade de seu pensamento à época e ao local em que vivia, a Alemanha e a ascensão do nazismo.

Em análise do jurista Alysson Leandro Mascaro, Carl Schmitt *"(...) situa o fenômeno jurídico nos quadrantes da exceção. A decisão que não está limitada à regra (...)"*. Quer dizer, ao se pensar a relação com a ordem jurídica, *"(...) o direito é compreendido como decisão independentemente das normas"* porque é *"(...) a exceção que instaura a ordem. (...) A decisão não é o último momento de uma cadeia normativa, como pensa o juspositivismo; é o primeiro, pois é o que dá base à ordem"*. Em síntese precisa de Alysson Leandro Mascaro, o eixo gravitacional do fenômeno jurídico não se encontra na norma, mas na política e no poder de decisão que dela emana, portanto o soberano é quem define o Direito, não quem o Direito investiu de competências formais.[169] Soberano pode ser o presidente da república, ou o primeiro-ministro, um ministro de Estado, ou alguns magistrados da Corte Constitucional, ou até particulares que de fato tenham o controle do poder estatal, como empresários, banqueiros – o que leva o jurista Rafael Valim, neste particular, a defender a ideia de que o neoliberalismo é a forma jurídica do estado de exceção.[170]

---

[169] MASCARO, Alysson Leandro. *Filosofia do direito*. 2ª ed. São Paulo: Atlas, 2012, pp. 408- 410 e 411-412.

[170] VALIM, Rafael. *Estado de exceção*: a forma jurídica do neoliberalismo. São Paulo: Editora Contracorrente, 2017, capítulos I e II.

CAPÍTULO III - ESTADOS DE EXCEÇÃO

A Constituição, no pensamento de Carl Schmitt, deixa de ser a "norma superior" fundante de uma ordem escalonada de competências, o ponto de partida à compreensão dos poderes, a definição e o alcance do que as instituições políticas e os agentes públicos podem (devem) fazer. A teoria constitucional de Carl Schmitt nega a existência da Constituição como expressão da democracia com o fim de organizar a vida política. A Constituição, para ele, deve ser a expressão de uma decisão política. A soberania não pode encontrar-se com o povo, mas reside em quem define o Direito, constantemente anuncia, ou produz, uma situação de excepcionalidade, um estado de exceção que autoriza a revisão de comandos, a redefinição e imposição unilateral de novas ordens. A soberania está fora do Estado. O centro do poder está na decisão política que molda, impulsiona, direciona e redireciona o papel do Estado e do Direito, e reflete-se em múltiplas dinâmicas sociais, desde relações privadas como a família e outros vínculos com intimidade, até à interação social pelo trabalho, religião, uso de espaços públicos, comunicação por imprensa, redes virtuais etc. A decisão política é sombra e presença em diversas formas de relações de poder.

Uma leitura diversa sobre estados de exceção – importante o registro porque se tornou um clássico contemporâneo – é do filósofo italiano Giorgio Agamben. Ele define o que denomina "estado de exceção moderno": a forma legal do que não pode ter forma legal, um patamar de indeterminação entre democracia e absolutismo.[171] O jurista brasileiro Pedro Serrano assinala que a principal crítica de Giorgio Agamben à teoria do estado de exceção de Carl Schmitt é que este último justifica juridicamente a exceção com referência aos mecanismos da ditadura, enquanto o *iustitium* (instituto do direito romano da Idade Antiga, que significava interrupção ou suspensão do direito), pressuposto por Carl Schmitt, não era a plenitude de poderes, mas um vazio de direito, uma zona de anomia.[172] Para Giorgio Agamben, a principal

---

[171] AGAMBEN, Giorgio. *Estado de exceção*. Trad. Iraci D. Poleti. São Paulo: Boitempo, 2004, pp. 12-13.
[172] SERRANO, Pedro Estevam Alves Pinto. *Autoritarismo e golpes na América Latina*: breve ensaio sobre jurisdição e exceção. São Paulo: Alameda, 2016, pp. 61-64.

análise não se encontra na vontade política sobreposta ao Direito, mas na indeterminação do Direito em dissonância com o texto normativo. O "estado de exceção moderno" decorre da tradição democrático-revolucionária, não da tradição absolutista. Se, para alguns juristas, os estados de exceção residem no ordenamento jurídico, um fenômeno jurídico, e outros os consideram fora do Direito, para Giorgio Agamben, os estados de exceção não são nem exterior nem interior ao ordenamento jurídico, mas se encontram numa *"(...) 'zona de indiferença' em que dentro e fora não se excluem mas se indeterminam"*.[173]

O fundamento dos estados de exceção, prossegue Giorgio Agamben, é constantemente relacionado à ideia de necessidade, mas a necessidade não reconhece nenhuma lei, e sim cria sua própria lei. A teoria da necessidade é uma teoria da exceção: a defesa de subtrair um caso particular à aplicação literal da norma. O "estado de exceção moderno" pretende incluir a ordem jurídica na exceção ao criar uma "zona de indiferenciação", na qual fato e direito coincidem: o fato transforma-se em Direito, o Direito é suspenso e eliminado. Diz ele:

> O 'status necessitas' apresenta-se, assim, tanto sob forma do estado de exceção quanto sob a forma da revolução, como uma zona ambígua e incerta onde procedimentos de fato, em si extra ou antijurídicos, transformam-se em direito e onde as normas jurídicas se indeterminam em mero fato; um limiar portanto, onde fato e direito parecem tornar-se indiscerníveis.[174]

Destaco esta passagem:

> Longe de responder a uma lacuna normativa, o estado de exceção apresenta-se como abertura de uma lacuna fictícia no ordenamento, com o objetivo de salvaguardar a existência da norma e sua aplicabilidade à situação normal. A lacuna não é interna à lei,

---

[173] AGAMBEN, Giorgio. *Estado de exceção*. Trad. Iraci D. Poleti. São Paulo: Boitempo, 2004, p. 16 e pp. 38-39.

[174] AGAMBEN, Giorgio. *Estado de exceção*. Trad. Iraci D. Poleti. São Paulo: Boitempo, 2004, p. 41 e 45.

CAPÍTULO III - ESTADOS DE EXCEÇÃO

mas diz respeito à sua relação com a realidade, à possibilidade mesma de sua aplicação. É como se o direito contivesse uma fratura essencial entre o estabelecimento da norma e sua aplicação e que, em caso extremo, só pudesse ser preenchida pelo estado de exceção, ou seja, criando-se uma área onde essa aplicação é suspensa, mas onde a lei, enquanto tal, permanece em vigor.[175]

É um *"Estar-fora e, ao mesmo tempo, pertencer: tal é a estrutura topológica do estado de exceção (...)"*, afirma Giorgio Agamben. O "estado de exceção moderno", prossegue, separa *"(...) a norma de sua aplicação para tornar possível a aplicação"*. Mas o estado de necessidade, conclui, não é um Estado de Direito, e sim um "espaço sem direito", a anomia que suspende o Direito. O estado de exceção é um "espaço anômico", no qual *"(...) o que está em jogo é uma força de lei sem lei (...)"*, potência e ato (aplicação) estão separados, um "elemento místico", uma ficção na qual o Direito outorga sua própria anomia. O "vazio jurídico" torna-se para o Direito uma estratégia decisiva, o estado de exceção não é, portanto, uma ditadura, mas um *"(...) espaço vazio de direito, uma zona de anomia"*.[176]

Mas volto a Carl Schmitt porque é a referência teórica por mim adotada para este estudo. As contribuições de Giorgio Agamben merecem, indiscutivelmente, cuidadosa análise. No entanto, concentro-me em Carl Schmitt porque – afirmei em muitas passagens ao longo desta pesquisa, mas quero reafirmar – a chave de interpretação por ele formulada a respeito do deslocamento do poder soberano, do povo a quem toma para si a possibilidade de decidir as exceções, reside na tensão entre a política e o Direito, em especial no domínio da vontade política, o que acredito ser o cerne da compreensão do fenômeno estados de exceção.

A ideia de usurpar a soberania do povo e que o verdadeiro soberano seja então identificado como quem decide os estados de exceção,

---

[175] AGAMBEN, Giorgio. *Estado de exceção*. Trad. Iraci D. Poleti. São Paulo: Boitempo, 2004, pp. 48-49.
[176] AGAMBEN, Giorgio. *Estado de exceção*. Trad. Iraci D. Poleti. São Paulo: Boitempo, 2004, pp. 57-58, 79, 61, 79 e 78.

quer dizer, quem instaura novas ordens, regras ou interpretações que não encontram lastro plausível no Direito, compõe a alma dos regimes autoritários do século XXI. Estados de exceção não precisam ter, à frente, um único soberano a controlar o poder por muitos anos. Pode acontecer. Mas não é condição à instituição de um regime autoritário na atualidade. O *compartilhamento* da soberania é uma diferença na comparação com os regimes autoritários do passado, porque a soberania pode ser encontrada entre o primeiro-ministro e algumas lideranças do mercado financeiro, ou o presidente e a cúpula do exército, ou o presidente da casa legislativa e os principais empresários de algum setor de destaque econômico daquele país. Há muitas composições possíveis. A *volatilidade* é outra diferença em contraste do presente com modelos históricos: num primeiro momento quem define as exceções pode ser o presidente e um ministro de Estado, são eles os soberanos, mas, algum tempo depois, podem ser descartados e o primeiro-ministro e o líder de um partido político no parlamento tomarem seus lugares. Enfim, pouco importa quantos são os soberanos e o grau de rotatividade, mas não é o povo o titular do poder.

Neste milênio, o que importa para os estados de exceção é quem detém a soberania negar a realidade antidemocrática e retoricamente invocar a "democracia". A comunicação em rede é uma variável fundamental neste cenário. Soberanos nos estados de exceção compõem discursos performáticos e disruptivos, os discursos contra-públicos nos quais se parte da "democracia" e da "liberdade" e paradoxalmente se defende intolerância, ódio, homogeneidade cultural, manutenção de discriminações, negação da ciência, e tudo quanto seja contrário ao mais amplo espectro de significados possíveis de democracia. Os discursos circulam, claro, porque reverberam na sociedade. A condescendência social com os estados de exceção, um componente sempre necessário à viabilização dos regimes autoritários, é preocupante porque é comum, ainda que em graus distintos, em todos os tempos, passado e presente. Como diz Boaventura de Sousa Santos: *"Com cada vez mais infeliz convicção, vivemos em sociedades politicamente democráticas e socialmente fascistas (...)"*.[177]

---

[177] SANTOS, Boaventura de Sousa. *A difícil democracia*: reinventar as esquerdas. São Paulo: Boitempo, 2016, p. 13.

CAPÍTULO III - ESTADOS DE EXCEÇÃO

Mas há um alto preço a ser pago quando se é condescendente com os avanços de estados de exceção. Quem consente com a usurpação da soberania – sejam quais forem os motivos – legitima a *forma* que leva ao regime autoritário. A próxima causa a ser perseguida pelo autoritarismo pode não coincidir com o horizonte de expectativas dos apoiadores da primeira hora, mas é tarde, porque estados de exceção não devem lealdade a ninguém. Nem mesmo ao primeiro soberano (quem decidiu as primeiras exceções) e lançou-se pioneiramente contra a democracia, pois adiante, se não conseguir apoio suficiente entre seus aliados (soberania compartilhada), o poder muda de mãos (soberania volátil).

3.2 A mobilização política por afetos: medos e outros sentimentos.

O medo é um afeto político. Um sentimento que tem dimensão política quando atravessa relações sociais. Não me refiro então aos "medos privados" resultantes de traumas pessoais ou familiares com a produção de sintomas restrita ao ambiente privado. O medo que compõe a vida política é o que trespassa vínculos sociais: medo da violência urbana, medo do desemprego, medo da impossibilidade da aposentadoria, medo de epidemias com alto risco de contaminação, medo de conflitos sociais, medo dos rumos da economia do país, medo de não alcançar a plena formação escolar, medo do estrangeiro, medo de políticas de gênero, raciais e feministas, medo de tudo quanto se refira a si e ao outro em sociedade.

Thomas Hobbes foi quem primeiro percebeu a importância do medo à compreensão da organização política da vida social. Um afeto central em suas ideias políticas, o *medo da morte*, em especial da *morte violenta*, para ele representa o sentimento mobilizador da formação do Estado. *"O medo e eu nascemos irmãos gêmeos"*, frase de Thomas Hobbes, destacada por Diogo Freitas do Amaral,[178] que se insere no contexto do

---

[178] AMARAL, Diogo Freitas do. *História do pensamento político ocidental*. Lisboa: Almedina, 2011, p. 169.

seu nascimento – especula-se que ele nasceu prematuro pelo medo por qual passava sua mãe diante do risco de invasão da Espanha que se aproximava da costa britânica.

O medo, no pensamento político de Thomas Hobbes, funda – como foi exposto nos capítulos anteriores – o seu pensamento político: para fugir da morte, destino certo no estado de natureza, modo de vida no qual o "homem é o lobo do homem", vive-se em "guerra de todos contra todos"; para evitar a violência que aniquila a existência é preciso constituir uma forma de organização política, um *estado civil* comprometido com a paz e a segurança, e para estes objetivos serem alcançados deve-se formar um pacto, um acordo no qual todos cedem seus direitos em favor de alguém, excluído deste pacto, portanto em princípio com poderes ilimitados para agir como um déspota porque a justificativa de suas ações é promover a paz e a segurança. O medo mobiliza a partida do estado de natureza para um estado civil no qual o líder concentra poderes absolutos, exerce-os sem responder à sociedade.

A atualidade do pensamento político de Thomas Hobbes é espantosa. A aposta no autoritarismo tem por raiz o medo. A proposta de um muro para separar dois países com uma fronteira de dimensão continental foi destaque nas propostas de campanha de Donald Trump às eleições dos Estados Unidos em 2016.[179] O medo de perder o emprego para o estrangeiro foi percebido por ele e mobilizado como discurso político, ainda que disfarçado de preocupação com a criminalidade e para isto ele entendesse preciso desqualificar os seres humanos em razão de sua cultura étnica.[180] O medo, capturado pela vontade política que o manipula, compõe narrativas pretensamente racionais e legitimadoras da imposição

---

[179] "Entenda a proposta de Trump para muro na fronteira mexicana", *O GLOBO*, 2017. Disponível em: https://oglobo.globo.com/mundo/entenda-proposta-de-trump-para-muro-na-fronteira-mexicana-20824875. Acesso em: 15.01.2021.

[180] OLIPHANT, James; ESPOSITO, Anthony. "Trump reintera que 'imigrantes criminosos' nos EUA são 'animais'; México protesta", *Uol*, 2018. Disponível em: https://noticias.uol.com.br/ultimas-noticias/reuters/2018/05/17/trump-diz-que-comentarios-sobre-animais-se-referiam-a-criminosos-mexico-protesta.htm. Acesso em: 15.01.2021.

CAPÍTULO III - ESTADOS DE EXCEÇÃO

de mecanismos de segregação e violência que separaram famílias de imigrantes, pais dos seus filhos de pouca idade,[181] gestos de violência bruta.

Como diz a filósofa Maria Isabel Limongi: *"O medo dos poderes invisíveis quando cultivado em solo político reverte-se, como vimos, no poder visível de uma autoridade"*. Uma autoridade que

> (...) a razão mostrará em seu cálculo jurídico, que não é possível fundar obrigações sem o recurso ao medo, ou melhor, sem a alteração completa das relações de poder entre os homens, pela instituição de um poder soberano, um poder visível maior do que todos os outros, produzindo um medo proporcionalmente maior.[182]

Autoridade autoritária empossada pelo medo. A sagacidade de Thomas Hobbes torna seu pensamento clássico porque elucida a relevância da *emoção* por trás de narrativas que se pretendem racionais. A relação do medo com a política é tão íntima para Thomas Hobbes que ele mesmo parece encontrar uma saída, alguma explicação razoável, para vislumbrar compatibilidade entre o medo e a liberdade. Inicia com uma analogia: *"(...) quando alguém atira os seus bens ao mar por 'medo' de fazer afundar o seu barco, apesar disso o faz por vontade própria, podendo recusar fazê-lo se quiser. Trata-se portanto da ação de alguém que é 'livre'"*, e conclui: *"(...) de maneira geral todos os atos praticados pelos homens no interior de repúblicas, por 'medo' da lei, são ações que os seus autores têm a 'liberdade' de não praticar"*.[183] Thomas Hobbes percebeu como ninguém, e séculos antes da psicanálise surgir para a compreensão do inconsciente, a importância do medo na vida política – por consequência, também no Direito –, mas não lhe causou

---

[181] "Entenda a polêmica sobre a política que separava famílias de imigrantes ilegais nos EUA", *BBC News Brasil*, 2018. Disponível em: https://www.bbc.com/portuguese/internacional-44584132. Acesso em: 15.01.2021.

[182] NOVAES, Adauto (org). *Ensaios sobre o medo*. São Paulo: Edições Sesc-SP, 2007, p. 148 e 150.

[183] HOBBES, Thomas. *Leviatã ou matéria, forma e poder de uma República Eclesiástica e Civil*. Trad. João Paulo Monteiro e Maria Beatriz Nizza da Silva. São Paulo: Martins Fontes, 2008, p. 180.

perplexidade tentar explicar o inexplicável, a falsa possibilidade do medo de conviver com a liberdade, ele não reconheceu que o medo coarcta a capacidade de discernimento e tomada de decisão.

Carl Schmitt não confere ao medo igual intensidade analítica que dedicou à noção de amigo-inimigo como elemento constituinte do estado de exceção. Os afetos podem ser encontrados nas entrelinhas do seu pensamento, ilações quase naturais, mas sem sistematização mais acurada.

O medo encontra-se no pensamento político de Hannah Arendt ao tratar do totalitarismo: *"O terror total, a essência do regime totalitário, não existe a favor nem contra os homens. Sua suposta função é proporcionar às forças da natureza ou da história um meio de acelerar o seu movimento"*.[184] Em análise do sociólogo Luciano Albino sobre o pensamento de Hanna Arendt, o terror não é apenas o medo difuso, mas um instrumento político, uma arma ideológica porque interdita a participação e a crítica, compromete-se a democracia. A consequência para ela, destaca Luciano Albino, é a solidão, muito mais grave do que o isolamento, porque enquanto este sentimento se refere à impotência política, *"(...) a solidão se refere à vida como um todo"*.[185] Por isso que o cientista político estadunidense Jason Stanley, ao cuidar de outra espécie de regime autoritário, alerta: *"A política fascista substitui o debate fundamentado por medo e raiva"*.[186]

Os estados de exceção resultam da intensa mobilização de afetos. Não apenas o medo, mas ódio, ressentimento, decepção, raiva, angústia, tantos outros. Afetos são articulados para agigantar vontades políticas muito além dos limites que o Direito permitiria. O avanço dominador da vontade política sobre o Direito torna-se possível porque a sociedade consente, acredita necessário ceder seus direitos, os direitos que qualificam

---

[184] ARENDT, Hannah. *Origens do totalitarismo*. Trad. Roberto Raposo. São Paulo: Companhia das Letras, 2012, p. 620.

[185] ALMEIDA FILHO, AGASSIZ (org). "Hannah Arendt: o terror como forma de governo". pp. 431-432. ALMEIDA FILHO, Agassiz; BARROS, Vinícius Soares de Campos. *Novo manual de ciência política*. 2ª ed. São Paulo: Malheiros, 2013.

[186] STANLEY, Jason. *Como funciona o fascismo*: a política do 'nós' e 'eles'. Porto Alegre: L&PM, 2018, p. 66.

CAPÍTULO III - ESTADOS DE EXCEÇÃO

a condição de humanidade que nos habita para tentar conter o que lhe apavora, as suas angústias, as suas frustrações. O desejo de "paz e segurança", o medo de perder o emprego para estrangeiros, o medo imaginário de destruição do modelo tradicional de vida familiar porque surgem casamentos homossexuais e crianças por eles adotadas, um vasto conjunto de medos; o ódio contra promessas não realizadas por políticos ou partidos políticos; o ressentimento por se sentir desprezado, posto de lado porque substituído profissionalmente por novas gerações; etc. São muitos os afetos que podem ser utilizados politicamente, sentimentos que se avolumam e lançam-se à realização de promessas de reparação e pretendem justificar estados de exceção.

No Brasil de 2019, foi intensa a defesa do governo federal por um projeto de lei que praticamente isentasse de responsabilidade os policiais em operações da Garantia da Lei e da Ordem (GLO). O programa aliava-se à intenção do presidente da república de espontaneamente assumir a função dos Estados de promover a reintegração de posse em áreas rurais ocupadas.[187] Dados do próprio Ministério da Defesa indicam que, entre 1992 e abril de 2019, a GLO foi acionada 136 vezes em eventos públicos em geral (27,9%), greves da polícia militar (18,4%), situações de violência urbana (16,9%) e apoio às eleições (16,2%).[188] Em síntese, o projeto do governo federal consistia em ter às mãos uma força repressora, armada e pronta ao combate físico, *praticamente isenta de responsabilidade por atos de violência,* contra (i) manifestações públicas que são expressões genuínas da democracia, (ii) conflitos por terras nos quais estão presentes questões sociais, (iii) e outras situações recorrentes – greves da polícia militar, violência urbana e apoio às eleições. Medo do potencial revolucionário de movimentos sociais, ódio contra lutas sociais, há

---

[187] BARBIERI, Luiz Felipe. "Bolsonaro avalia criação de GLO do campo para reintegração de posse em áreas rurais", *G1*, 2019. Disponível em: https://g1.globo.com/politica/noticia/2019/11/25/bolsonaro-avalia-criacao-de-glo-do-campo-para-reintegracao-de-posse-em-areas-rurais.ghtml. Acesso em: 15.01.2021.
[188] "Entenda o projeto de Bolsonaro que isenta de punição militares e policiais", *Folha*, 2019. Disponível em: https://www1.folha.uol.com.br/cotidiano/2019/11/entenda-o-projeto-de-bolsonaro-que-isenta-de-punicao-militares-e-policiais.shtml. Acesso em: 15.01.2021.

muitos afetos por trás de políticas públicas que pretendem desarticular padrões civilizatórios.

Afetos escoram discursos políticos, elevam figuras populistas, fazem de conta ser possível alguém se apresentar como não-político em função política, permitem os estados de exceção.

O filósofo Vladmir Safatle faz uma análise precisa do vínculo dos afetos com a vida política. Uma sociedade, diz ele, normalmente é pensada como sistema de normas, valores e regras que tratam do comportamento e interação na vida social, mas a sociedade é muito mais, são circuitos de afetos enquanto "sistema de reprodução material de formas hegemônicas de vida", forças de adesão pelos afetos que provocam certas possibilidades de vida: *"Há uma adesão social construída através das afecções"*. Vladmir Safatle faz o diagnóstico e propõe a necessidade de pensar a sociedade a partir de um circuito de afetos, sem que o medo seja seu fundamento. O desamparo, sustenta, é compreendido como um afeto político central que permite outro sentimento, o medo. Por isso, defende: *"O desamparo não é algo contra o qual se luta, mas algo que se afirma. Do desamparo pode advir o medo, angústia social, ou então um gesto de forte potencial liberador: afirmação da contingência e da errância que a posição do desamparo pressupõe"*. Em sua reflexão sobre o medo, diz que este afeto proporciona uma imagem de um viver em sociedade *"(...) tendencialmente paranoico, preso à lógica securitária do que deve se imunizar contra toda violência"*. Adverte que a esperança seria o afeto normalmente pensado como contraponto, mas é um equívoco porque *"Poder não é só culpa e coerção, mas também esperança de gozo. Ninguém consegue impor seu domínio sem entreabrir as portas para alguma forma de êxtase e gozo. Por isto diz Spinoza: 'não há esperança sem medo, nem medo sem esperança'"*. Não sendo possível "descorporificar" o social, porque é impossível eliminar o espaço político de todos os afetos, propõe o desamparo para promover vínculos de despossessão e des-identificação. É possível à autoridade soberana construir sua legitimidade além de uma relação fundada no medo para com o soberano e uma *"(...) fantasia social de desagregação no laço social e risco constante da morte violenta"*.[189]

---

[189] SAFATLE, Vladimir. *O circuito dos afetos*: corpos políticos, desamparo e o fim do indivíduo. São Paulo: Cosac Naify, 2015, pp. 15-17, 18-26, 47 e seguintes.

CAPÍTULO III - ESTADOS DE EXCEÇÃO

Mas os estados de exceção não contemplam alternativa além do medo. E o medo precisa de um inimigo.

3.3 O eixo fundamental: a equação amigo-inimigo

A mobilização de afetos políticos para a construção social de apoio ao regime autoritário não ocorre aleatoriamente. É preciso um elemento aglutinador. Uma força gravitacional que desperte e movimente a adesão, pode ser uma imagem, ideia, sujeito ou grupo, um ponto de fuga para o qual convergem todos que se animam dos mesmos sentimentos que emergem com tal força avassaladora capaz de produzir o consentimento ao regime autoritário. Este dado é ao mesmo tempo causa e objetivo, eixo fundamental para o fluxo corrente dos afetos políticos: um inimigo comum.

Carl Schmitt considera a relação amigo-inimigo um elemento estruturante dos estados de exceção. A diferença entre "amigo" e "inimigo" é uma determinação conceitual, um critério, e serve à compreensão do fenômeno político tal como os *"(...) critérios relativamente autónomos de outras contraposições: bem e mal, no moral; belo e feio, no estético etc"*. O inimigo político, enfatiza Carl Schmitt, não precisa de ser moralmente mau, reprovável, um concorrente econômico – ao contrário, neste último caso, pode até ser vantajoso fazer negócios com ele. O que importa:

> Ele [inimigo] é, precisamente, o outro, o estrangeiro, e é suficiente, para a sua essência, que ele seja existencialmente, num sentido particularmente intensivo, algo outro e estrangeiro, de tal modo que, em caso extremo, sejam possíveis conflitos com ele que não possam ser decididos nem por uma normatização geral, que possa ser encontrada previamente, nem pela sentença de um terceiro 'não participante' e, portanto, 'apartidário'.[190]

---

[190] SCHMITT, Carl. *O conceito do político*. Trad. Alexandre Franco de Sá. Lisboa: Edições 70, 2015, pp. 50-51, 51-52.

Uma equação, amigo-inimigo, a transpassar todas as formas de relações sociais nos estados de exceção, dos espaços públicos aos privados, locais físicos ou encontros virtuais. Carl Schmitt afirma: *"O fenômeno do político só se pode conceber através da referência à possibilidade real do agrupamento amigo-inimigo, independentemente do que daí se segue para a valoração religiosa, moral, estética, econômica do político"*. O inimigo é condição à existência dos estados de exceção. Carl Schmitt é contundente sobre a necessidade de buscar um inimigo a enfrentar:

> Termos como Estado, república, sociedade, classe, para além de soberania, Estado de Direito, absolutismo, ditadura, plano, Estado neutro ou total, etc, são incompreensíveis se não se souber quem 'in concreto' deve ser posto em causa, combatido, negado e refutado por tal termo.[191]

No Brasil de 2019, não faltam exemplos. A grave crise das queimadas na Floresta Amazônica não foi enfrentada com amplas políticas de fiscalização, investigação dos responsáveis, mas com acusações por parte da presidência da república contra organizações não governamentais (ONGs), muitas com amplo reconhecimento internacional, que se dedicam a combater os ataques à Amazônia.[192] Ódio enquanto afeto político a arregimentar adesão social, e para isso inimigos, mesmo fictícios, precisam ser combatidos. O presidente da república, ainda sobre o meio ambiente, confrontou a própria estrutura do Estado, criticou as atribuições constitucionais do Instituto Brasileiro do Meio Ambiente e dos Recursos Naturais Renováveis (Ibama), uma autarquia federal, e ameaçou de sumariamente dispensar a diretoria da Funai, órgão federal vinculado ao Ministério da Justiça, porque o presidente

---

[191] SCHMITT, Carl. *O conceito do político*. Trad. Alexandre Franco de Sá. Lisboa: Edições 70, 2015, p. 67 e 59.
[192] BORGES, Stella; MADEIRO, Carlos. "Sem provas, Bolsonaro acusa ONGs de estarem por trás de queimada na Amazônia", *UOL*, 2019. Disponível em: https://noticias.uol.com.br/meio-ambiente/ultimas-noticias/redacao/2019/08/21/bolsonaro-diz-que-ongs-podem-estar-por-tras-de-queimadas-na-amazonia.htm. Acesso em: 15.01.2021.

CAPÍTULO III - ESTADOS DE EXCEÇÃO

defende a exploração mineral em terras indígenas[193] – vontade política sobre o Direito, a Constituição.

Afirma Carl Schmitt, estados de exceção pressupõem admitir que ao Estado pertence o *jus belli*, isto é, *"(...) a possibilidade real de, num caso dado, determinar o inimigo em virtude de uma decisão própria e combatê-lo"*.[194] Não é preciso que o eleito à condição de inimigo tenha feito algo, ameaçado, nada disso. O que é necessário é existir um inimigo, qualquer um – a exemplo das ONGs e a Amazônia –, alguém a ser indicado como um oponente comum a permitir, por congregação de afetos políticos, o consentimento ao soberano para tornar imperante sua vontade política sobre o Direito.

O cientista político estadunidense Jason Stanley enfatiza: *"O sintoma mais marcante da política fascista é a divisão: a população em "nós" e "eles"*.[195] Sintoma de regimes autoritários é a fragmentação da sociedade pela provocação de afetos políticos com discursos que rejeitam a pluralidade e a tolerância, traços que compõem os significados de democracia, o que se faz porque se constroem inimigos: *eles* – todos que discordam do soberano. "Eles" fazem parte do povo, mas são rejeitados pelo soberano, são os "inimigos internos", concebidos por Carl Schmitt como mote à "pacificação intra-estatal":

> Esta necessidade de uma pacificação intra-estatal conduz, em situações críticas, a que o Estado, enquanto unidade política, enquanto existir, determine a partir de si também o 'inimigo interno'. (...) do Estado romano como declaração de 'hostis', espécie de ostracismo, de banimento, de proscrição, de perseguição (...) de 'declaração de inimizade' intra-estatal (...).[196]

---

[193] FERNANDES, Talita. "Em live, Bolsonaro ataca Ibama, ONGs e ameaça cortar diretoria da Funai", *Folha*, 2019. Disponível em: https://www1.folha.uol.com.br/poder/2019/04/em-live-bolsonaro-ataca-ibama-ongs-e-ameaca-cortar-diretoria-da-funai.shtml. Acesso em: 15.01.2021.

[194] SCHMITT, Carl. *O conceito do político*. Trad. Alexandre Franco de Sá. Lisboa: Edições 70, 2015, p. 83.

[195] STANLEY, Jason. *Como funciona o fascismo. A política do 'nós' e 'eles'*. Porto Alegre: L&PM, 2018, p. 15.

[196] SCHMITT, Carl. *O conceito do político*. Trad. Alexandre Franco de Sá. Lisboa: Edições 70, 2015, p. 85.

Os "inimigos internos" do Brasil de 2019 foram muitos: a invenção de um "marxismo cultural" a pretender justificar o ataque sistemático à educação e cultura;[197] a imagem de Marielle Franco, vereadora com intensa atividade política de combate à desigualdade social e à discriminação de gênero, vítima de brutal assassinato, cujas homenagens que lhe foram rendidas sofreram ataques por agentes de estado;[198] a memória de Paulo Freire, pedagogo reconhecido, homenageado e estudado por todo o mundo, terceiro lugar no ranking mundial de citações do *google scholar*,[199] alvo obsessivo de ofensas de baixo nível pelo presidente da república;[200] até mesmo causas que se tornaram símbolos de cidadania, como o combate ao racismo, converteram-se em "inimigos" ao se tentar explicar o comportamento de um deputado federal que arrancou e partiu uma placa em exposição no dia da consciência negra.[201]

Afinal, e de volta a Carl Schmitt, *"Um mundo no qual a possibilidade de um tal combate esteja completamente aniquilada e tenha desaparecido, um globo terrestre definitivamente pacificado, seria um mundo sem a diferenciação*

---

[197] "Ministro da Educação defende combate a 'marxismo cultural' em universidade", *Exame*, 2019. Disponível em: https://exame.abril.com.br/brasil/ministro-da-educacao-defende-combate-a-marxismo-cultural-em-universidade/. Acesso em: 15.01.2021.

[198] MAIA, Gustavo. "Placa de Marielle foi quebrada para restaurar a ordem, diz Flavio Bolsonaro", *Uol*, 2018. Disponível em: https://noticias.uol.com.br/politica/eleicoes/2018/noticias/2018/10/04/placa-de-marielle-foi-quebrada-para-restaurar-a-ordem-diz-flavio-bolsonaro.htm. Acesso em: 15.01.2021.

[199] CERIONI, Clara. "Venerado lá fora, questionado no Brasil: o legado do educador Paulo Freire", *Exame*, 2019. Disponível em: https://exame.abril.com.br/brasil/paulo-freirevenerado-la-fora-exilado-no-brasil-a-trajetoria-do-educador-paulo-freire/. Acesso em: 15.01.2021.

[200] "Internet reage à declaração de Bolsonaro sobre Paulo Freire", *Correio Braziliense*, 2019. Disponível em: https://www.correiobraziliense.com.br/app/noticia/eu-estudante/ensino_educacaobasica/2019/12/16/interna-educacaobasica-2019,814496/internet-reage-a-declaracao-de-bolsonaro-sobre-paulo-freire.shtml. Acesso em: 15.01.2021.

[201] LONDRES, Mariana; COLLET, Taciana. "Deputado Coronel Tadeu destrói placa de exposição sobre racismo", *R7 Planalto*, 2019. Disponível em: https://www.google.com.br/amp/s/noticias.r7.com/prisma/r7-planalto/deputado-coronel-tadeu-destroi-placa-de-exposicao-sobre-racismo-19112019%3famp. Acesso em: 15.01.2021.

CAPÍTULO III - ESTADOS DE EXCEÇÃO

entre amigo e inimigo e, consequentemente, um mundo sem política".[202] Um mundo, talvez, sem regimes autoritários.

A *volatilidade* característica da soberania dos estados de exceção na contemporaneidade é também marca dos inimigos a combater. Tanto faz se os inimigos são estrangeiros ou nacionais, vivos ou mortos, pessoas ou ideias, reais ou fictícios, único ou múltiplos, os inimigos podem ser substituídos, renovados a qualquer instante. O fundamental é ter inimigos.

3.4. *Protego ergo obligo* e a normalização dos estados de exceção

"A finalidade da obediência é a proteção, e seja onde for que um homem a veja, quer na sua própria espada quer na de um outro, a natureza quer que a ela obedeça e se esforce por conservá-la". A frase é de Thomas Hobbes".[203] Sem rodeios ou disfarces, ele é assertivo quanto ao que resulta de um modo opressor da vida política: a obediência. Séculos adiante, no contexto da teorização dos estados de exceção, Carl Schmitt, com a mesma espontaneidade, enraíza a obediência na forma de operar do Estado: *"O 'protego ergo obligo' é o 'cogito ergo sum' do Estado, e uma doutrina do Estado que não se torne sistematicamente consciente deste princípio permanece um fragmento insatisfatório"*.[204]

Se o soberano nos estados de exceção é autorizado a sê-lo porque afetos que circulam na sociedade consentiram (medo da violência, medo da crise econômica, e outros sentimentos) porque há inimigo(s) a combater (reais ou imaginários, pessoas ou ideias), o que resta ao povo, quando instalados e dominantes os estados de exceção, é a submissão, a

---

[202] SCHMITT, Carl. *O conceito do político*. Trad. Alexandre Franco de Sá. Lisboa: Edições 70, 2015, p. 66.

[203] HOBBES, Thomas. *Leviatã ou matéria, forma e poder de uma República Eclesiástica e Civil*. Trad. João Paulo Monteiro e Maria Beatriz Nizza da Silva. São Paulo: Martins Fontes, 2008, p. 189.

[204] SCHMITT, Carl. *O conceito do político*. Trad. Alexandre Franco de Sá. Lisboa: Edições 70, 2015, p. 95.

adesão à homogeneidade, ausência de espaço à crítica, protesto, divergência. O preço imposto à sociedade é a *obediência* – sem espaço nem voz. Obediência que corrói a democracia. Como diz o filósofo e linguista búlgaro Tzvetan Todorov: *"O primeiro adversário da democracia é a simplificação que reduz o plural ao único, abrindo assim o caminho para o descomedimento"*.[205] O "único", nos estados de exceção, é comando imposto pela força do arbítrio. O "descomedimento" inicia-se pela desconstrução dos significados de democracia historicamente conquistados. Carl Schmitt reconhece quão tão pouco palavras podem representar nos estados de exceção:

> A 'humanidade', enquanto tal, não pode fazer qualquer guerra, pois ela não tem qualquer inimigo, pelo menos não neste planeta. O conceito de humanidade exclui o conceito de inimigo, pois também o inimigo não deixa de ser homem e nele não se encontra nenhuma diferenciação específica. Que sejam feitas guerras em nome da humanidade não é nenhuma refutação desta verdade simples, mas tem apenas um sentido político particularmente intensivo. Quando um Estado combate o seu inimigo político em nome da humanidade, isso não é nenhuma guerra da humanidade, mas uma guerra na qual um Estado determinado, diante do seu opositor na guerra, procura ocupar um conceito universal (...). A 'humanidade' é um instrumento ideológico das expansões imperialistas particularmente utilizável e, na sua forma ético-humanitária, um veículo específico do imperialismo económico.[206]

A humanidade, a civilidade, a empatia pelo próximo são distorcidas, diláceradas nos estados de exceção. A discriminação impõe-se. Humano é signo aplicado a poucos, aos *amigos*. Desafetos, oponentes políticos, críticos, valores culturais que por tradição contribuem à capacidade de refletir como a ciência, educação, cultura em sentido estrito,

---

[205] TODOROV, Tzvetan. *Os inimigos íntimos da democracia*. Trad. Joana Angélica d'Ávila Melo. São Paulo: Companhia das Letras, 2012, p. 19.
[206] SCHMITT, Carl. *O conceito do político*. Trad. Alexandre Franco de Sá. Lisboa: Edições 70, 2015, p. 98.

CAPÍTULO III - ESTADOS DE EXCEÇÃO

são todos *inimigos* dos estados de exceção que devem ser subjugados ou eliminados. A obediência incondicional à vontade política do soberano é a lei. Combate-se a liberdade de imprensa, a liberdade de manifestação do pensamento, a liberdade de reunião, a transparência dos atos da Administração Pública, a independência dos Poderes. *Protego ergo obligo*; protejo, logo obrigo. O autoritarismo faz as vezes da liberdade.

Para manterem-se vivos, os estados de exceção precisam ser *normalizados* – parece até ser uma contradição em seus termos, a normalização da produção de exceções. Mas os estados de exceção precisam ser constantes. Produzir exceções às regras vigentes é recurso de identificação de quem é o soberano da vez – a soberania é *compartilhada* e *volátil* –, e mesmo que se mantenha quem o era há necessidade de ser identificado por sua força autoritária, que deve ser constantemente lembrada, reafirmada, repetida à exaustão. É preciso *normalizar* a inconstância do anúncio de exceções para que os estados de exceção sobrevivam.

Carl Schmitt é absolutamente claro sobre a normalização dos estados de exceção:

> A guerra não é, de forma nenhuma, meta e fim ou mesmo conteúdo da política, mas é o *pressuposto* sempre presente como possibilidade real que determina o agir e o pensar humanos de um modo peculiar e, através disso, produz um comportamento especificamente político.[207]

Guerra contra qualquer inimigo. Não importa quem ou o quê se combate. Mas que exista(m) permanentemente inimigo(s) contra o(s) qual(is) se convergem afetos que produzam uma aderência social à usurpação do poder do povo pelos verdadeiros soberanos que precisam, para continuarem a sê-los, ditar novas exceções, e outras mais, constantemente, precisam normalizar as exceções. Uma política de Estado na qual a morte e a violência física tornam-se os principais meios à normalização dos estados de exceção.

---

[207] SCHMITT, Carl. *O conceito do político*. Trad. Alexandre Franco de Sá. Lisboa: Edições 70, 2015, pp. 64-65.

Uma política de morte é necessária para estender os estados de exceção ao longo do tempo. Os estados de exceção sobrevivem às custas de vidas dos inimigos que elege. A *necropolítica* é a identidade dos estados de exceção. O filósofo político camaronense Achille Mbembe atribui à ideia de soberania nos estados de exceção a possibilidade de uma "expressão máxima" que se apresenta *"(...) no poder e na capacidade de ditar quem pode viver e quem deve morrer. Por isso, matar ou deixar viver constituem os limites da soberania, seus atributos fundamentais"*, isto é, *"Ser soberano é exercer controle sobre a mortalidade e definir a vida como a implantação e manifestação de poder"*. Apoiado na ideia de biopoder do filósofo francês Michel Foucault, relaciona-a a dois outros conceitos, estado de exceção e estado de sítio, e diz que o estado de exceção e a noção de inimizade transformam-se na sustentação do "direito de matar". Há um especial destaque, em sua obra, para a função do racismo de regular a distribuição da morte e tornar possível a ação assassina do Estado.[208]

O "direito de matar", denunciado por Achille Mbembe, encontra ressonância na defesa que faz Carl Schmitt da ausência de regras, da lei, em determinados territórios, o que permite ao soberano, porque não há vínculos legais entre certos espaços físicos e o ordenamento jurídico, sentir-se mais à vontade para agir com ainda mais violência. O que seriam desafios à ampliação dos estados de exceção em dado território em outros, nos quais se desvinculam as leis da terra, onde se passou da fronteira da vigência do Direito, a barbárie corre livremente sem pudor, nem preocupação em dar explicações para a sua brutalidade. Há uma simbiose, um vínculo concreto, entre o espaço físico ocupado e as regras que surgem à sua regulamentação. É a instituição do próprio Estado de Direito. A relevância desta noção encontra-se na ideia de que *além da fronteira*, em outras terras, espaços a serem desbravados e ocupados (colonização), em campos de conflito (guerras em outros países), suspende-se o Direito, não há regras, campeia a selvageria. Afirma Carl Schmitt:

---

[208] MBEMBE, Achille. *Necropolítica*: biopoder, soberania, estado de exceção, política da morte. São Paulo: n-1 edições, 2018, p. 5, 17, 18 e 31.

CAPÍTULO III - ESTADOS DE EXCEÇÃO

> (...) pode-se dizer que, do ponto de vista histórico-jurídico, a ideia de demarcação de um espaço de ação liberado de refreamentos jurídicos, de uma esfera de uso da violência que permanecia subtraída do direito, corresponde a um modo de pensar muito antigo, que permanece tipicamente inglês até tempos recentes, embora cada vez mais estranho à concepção do direito e da lei, relacionado ao Estado, das nações europeias continentais.[209]

É inegável a atualidade do pensamento de Carl Schmitt, ao se lembrarem das práticas sistemáticas de tortura que os Estados Unidos instituíram em Guantánamo a partir do atentado terrorista que sofreram em 11 de setembro de 2002. A detenção de suspeitos, o aprisionamento por prazo indeterminado, a prática de tortura, foram e ainda são medidas adotadas ao argumento de que se estaria em território americano e, ao mesmo tempo, fora de suas fronteiras, um local físico onde haveria a suspensão do Direito. Ausência de lei sobre a terra, anomia a autorizar a violência. Em 1º de dezembro, no Brasil de 2019, no Estado de São Paulo, a polícia militar organizou uma ação violenta na comunidade de Paraisópolis, na qual nove jovens foram mortos, oito por asfixia e um por trauma na medula espinhal;[210] ainda em 2019, no Rio de Janeiro, o governador Wilson Witzel anunciou que criminosos que cruzassem com a polícia seriam previamente alvejados na cabeça[211] – como se execução sumária fosse alternativa contemplada pelo Direito –, e a capital deste Estado atingiu, só no primeiro semestre, a espantosa marca de quase cinco civis mortos por dia pela polícia militar,[212] índice

---

[209] SCHMITT, Carl. *O nomos da terra no direito das gentes do 'jus publicum europaeum'*. Trad. Alexandre Franco de Sá; Bernardo Ferreira; José Maria Arruda; Pedro Hermílio Villas Bôas Castelo Branco. Rio de Janeiro: Editora PUC-Rio, 2016, p. 100.

[210] "Vítimas de Paraisópolis morreram com 'traumas compatíveis com os de pisoteamento', diz SSP", *G1*, 2019. Disponível em: https://g1.globo.com/sp/sao-paulo/noticia/2019/12/13/vitimas-de-paraisopolis-morreram-com-traumas-compativeis-com-os-de-pisoteamento-diz-ssp.ghtml. Acesso em: 15.01.2021.

[211] "Wilson Witzel: 'A polícia vai mirar na cabecinha e... fogo'", *Veja*, 2018. Disponível em: https://veja.abril.com.br/politica/wilson-witzel-a-policia-vai-mirar-na-cabecinha-e-fogo/. Acesso em: 15.01.2021.

[212] RAMALHO, Sérgio. "Policiais mataram 881 pessoas em 6 meses no RJ. Nenhuma

que contribuiu para o Brasil superar o número de mortos de países há anos em guerra civil, como é o caso da Síria.[213]

O que assusta constatar é que o "além da fronteira", de Carl Schmitt, espaço sem lei, não é mais localizado fora dos limites artificialmente traçados que identificam um Estado-nação – tal como aconteceu no neocolonialismo e imperialismo do século XIX. Além da fronteira, no terceiro milênio, pode encontrar-se em Guantánamo, Paraisópolis ou em comunidades na cidade do Rio de Janeiro. O "direito de matar", a máxima expressão da soberania nos estados de exceção, seja na defesa de Carl Schmitt ou na corajosa crítica de Achille Mbembe, está mais próximo do que parece. A globalização reformulou as fronteiras internas para permitir, quando instalados os estados de exceção, a aniquilação de classes (pobres), raças (negros) e etnias (variadas). Inimigos contra os quais, em mais extensa demonstração de poder e força, a soberania invoca seu *jus belli* para sumariamente matar crianças,[214] disparar mais de duzentos tiros contra um trabalhador,[215] desaparecer com os corpos de inocentes[216] que poderiam denunciar que, até mesmo para estados de exceção, deveria haver algum limite no horizonte.

---

em área de milícia", *Uol*, 2019. Disponível em: https://noticias.uol.com.br/cotidiano/ultimas-noticias/2019/08/20/policias-mataram-881-pessoas-em-6-meses-no-rj-nenhuma-em-area-de-milicia.htm. Acesso em: 15.01.2021.

[213] "Total de mortes violentas no Brasil é maior do que o da Guerra na Síria", *Folha*, 2018. Disponível em: https://www1.folha.uol.com.br/cotidiano/2018/06/total-de-mortes-violentas-no-brasil-e-maior-do-que-o-da-guerra-na-siria.shtml. Acesso em: 15.01.2021.

[214] DEISTER, Jaqueline. "Mês das crianças: 24 crianças e adolescentes mortos em ações policiais no Rio em 2019", *Brasil de Fato*, 2019. Disponível em: https://www.brasildefatorj.com.br/2019/10/16/mes-das-criancas-24-criancas-e-adolescentes-mortos-em-acoes-policiais-no-rio-em-2019. Acesso em: 15.01.2021.

[215] LANG, Marina. "Laudo aponta mais de 200 tiros em ação militar que matou músico e catador", *UOL*, 2019. Disponível em: https://noticias.uol.com.br/cotidiano/ultimas-noticias/2019/05/09/laudo-aponta-mais-de-200-tiros-em-acao-militar-que-matou-musico-e-catador.htm. Acesso em: 15.01.2021.

[216] RODRIGUES, Matheus. "Caso do pedreiro Amarildo completa 5 anos; família ainda não foi indenizada", *G1*, 2018. Disponível em: https://g1.globo.com/rj/rio-de-janeiro/noticia/caso-do-pedreiro-amarildo-completa-5-anos-e-familia-ainda-nao-foi-indenizada.ghtml. Acesso em: 15.01.2021.

CAPÍTULO III - ESTADOS DE EXCEÇÃO

A síntese teórica, tão crua quanto a dor da realidade, parece ter sido vaticinada por Carl Schmitt: *"Em minha opinião, trata-se aqui da antiga frase: todo direito só é direito no lugar certo"*.[217] Violências que se normalizam cada vez mais irascíveis porque o máximo poder da soberania nos estados de exceção precisa ser exercido, exposto como condição de sobrevivência do regime autoritário, dentro de sua própria fronteira.

---

[217] SCHMITT, Carl. *O nomos da terra no direito das gentes do 'jus publicum europaeum'*. Trad. Alexandre Franco de Sá; Bernardo Ferreira; José Maria Arruda; Pedro Hermílio Villas Bôas Castelo Branco. Rio de Janeiro: Editora PUC-Rio, 2016, p. 101.

Capítulo IV
A QUE(M) SERVE O DIREITO?

Retomo, para poder prosseguir, ideias apresentadas nos capítulos anteriores. Os estados de exceção contemporâneos são (i) *fantasmagóricos,* porque raramente assumem sua tirania, (ii) *dissimulados,* porque a postura antidemocrática é levada a termo com o uso frequente, quase obstinado, da palavra "democracia" enquanto promovem investidas sucessivas contra os significados da democracia (liberdade de imprensa, pluralismo, diversidade, transparência, independência dos Poderes etc), (iii) *fragmentados* porque se apresentam em alguns campos (educação, saúde), noutros não, depois se alternam, e lançam-se para depois se recolherem, mas não dominam integral e simultaneamente as instituições públicas e todos os âmbitos da vida privada. Por isso, denomino este fenômeno político-jurídico de *estados* de exceção (no plural) que conduzem à consolidação de um regime autoritário, não necessariamente totalitário.

A soberania popular é cerceada – sufocada, depois deixada respirar, novamente esganada. O espaço da soberania é gradualmente reduzido. A vontade política deita sua sombra. A soberania usurpada nos estados de exceção pode ser (i) *compartilhada* entre diversos atores de um trágico regime autoritário em burlesca encenação de democracia; pode ser (ii) *volátil,* porque quem encarna a liderança eventualmente é substituído, não é preciso coincidir o regime autoritário com a figura específica de um líder.

Talvez se pudesse considerar que antecedente aos estados de exceção houvesse uma crise constitucional ou pequenos abusos constantes na interpretação da Constituição. O jurista Oscar Vilhena, em referência a Sanford Levinson e Jack Balkin, destaca que o tipo mais comum de crise constitucional acontece quando autoridades constituídas *"(...) estão convencidas que para solucionar um grave problema devem recorrer a "meios excepcionais" e não observar as regras e procedimentos afirmados na Constituição"*, e também quando há uma disputa entre os Poderes e *"(...) cada qual reivindicando ser o melhor intérprete da constituição"*.[218]

Mas o que trato neste estudo vai além: estados de exceção são gerados por forte mobilização do medo e outros afetos políticos que se impõem e contam com a espontânea e valorosa colaboração do Direito contra os seus próprios paradigmas jurídicos. A intensa amplitude da circulação de afetos constitui a primeira identidade da formação de estados de exceção. Especialmente o *medo*, um afeto central à formação da organização política. Afetos que largamente orbitam em torno de vontades políticas, vocalizadas a determinados fins que precisam passar sobre o Direito para estabelecerem o seu domínio. Afetos políticos obtêm a adesão social – fazem acreditar ser necessário ceder direitos, em particular os que qualificam a condição de humanidade, para supostamente dar vazão a angústias, sentimentos recalcados, frustrações pessoais. Afetos são mobilizados, nos estados de exceção, contra algum inimigo. A construção social de apoio ao regime autoritário tem por meta – a força gravitacional dos afetos – um inimigo comum. Mas é preciso enfatizar: a *volatilidade* que caracteriza a soberania usurpada também é marca dos inimigos a serem combatidos – podem ser reais ou imaginários, estrangeiros ou nacionais, vivos ou mortos, pessoas ou ideias, podem ser alternados, descartados por novos, resgatados do passado, tanto faz. O consenso é que existam inimigos.

Estados de exceção alteram-se em graus, formas e aparências. São resilientes. Mudam de cor como um camaleão, camuflam-se no *medo* e no *Direito*, miram *inimigos*. Os mais desavisados não enxergam a presença

---

[218] VIEIRA, Oscar Vilhena. *A batalha dos Poderes*: da transição democrática ao mal-estar constitucional. São Paulo: Companhia das Letras, 2018, p. 40

CAPÍTULO IV - A QUE(M) SERVE O DIREITO?

dos estados de exceção – ou não querem vislumbrar porque algo lhes convém (economia, promessas de ascensão social, eliminação dos inimigos reais ou imaginários como imigrantes, negros, pobres, mulheres na disputa por igualdade em espaços de trabalho). Mas em geral há maior probabilidade de surgirem os estados de exceção em países com *frágil tradição democrática*, o que acontece se não existe (i) *razoável grau de responsabilização dos agentes públicos* que abusaram do poder no curso da história e (ii) *registros históricos e a valorização da memória* dos regimes autoritários por meio da *educação* e da *cultura* com o propósito de conscientização da sociedade dos momentos que o poder lhe foi subtraído, por quais meios, e as consequências da opressão. Pode-se imaginar que seria mais difícil a ascensão política de um candidato à presidência da república se houvesse a efetiva conscientização do povo do que foi a ditadura militar no Brasil de 1964 a 1985 e quem foi o "herói" por ele proclamado, coronel Brilhante Ustra, contra quem pesam dezenas de relatos de ter sido um torturador, que ainda gozava da crueldade de trazer os filhos das mulheres que seviciava para assistirem às sessões.[219] Quanto menor a tradição democrática de um país mais fácil incitar afetos para congregar apoio a vontades políticas que rompem com a solidariedade, distanciam-se da capacidade de empatia, anunciam-se contra mínimos padrões civilizatórios.

O que pretendo tratar neste capítulo é da relação entre a vontade política e o Direito nos estados de exceção. Como se opera, na contemporaneidade, o vínculo entre a política e o Direito em regimes autoritários? Em passagens anteriores neste estudo, disse que esta conexão é diferente da que se estabeleceu em modelos autoritários históricos, Estados totalitários da Europa e ditaduras da América Latina no curso do século XX, porque neste milênio é necessário, espera-se, maior envolvimento do Direito com a causa política autoritária porque é mais alto o nível de exigência da legitimidade da ação política. Isto decorre

---

[219] CAVICCHIOLI, Giorgia. "'Fui testemunha viva da brutalidade do Ustra', diz vereador torturado na Ditadura", *R7*, 2016. Disponível em: https://noticias.r7.com/sao-paulo/fui-testemunha-viva-da-brutalidade-do-ustra-diz-vereador-torturado-na-ditadura-02052016. Acesso em: 15.01.2021.

dos traumas – também afetos políticos – produzidos por regimes autoritários do século passado, especialmente a violência institucional francamente assumida com prisões arbitrárias, desaparecimento de adversários políticos, jornalistas, professores ou de simples críticos aos governos, as sistemáticas práticas de torturas, os isolamentos em campos de concentração, os extermínios étnicos (no particular caso do nazismo), todo este macabro rol de desumanização que dilacerou sociedades por todo o mundo e foi aos poucos compreendido, ainda não assimilado por completo, mas suficiente para formar um corpo de reflexão crítica que passou a desenvolver-se principalmente depois da 2ª Guerra Mundial – para a Europa – e décadas de 1980 e 1990 – para a América Latina. A conscientização da selvageria de regimes autoritários ocorreu – e ainda se dá – em níveis bem distintos entre os países envolvidos – foi tão mais ampla quanto maior o *grau de responsabilização dos agentes públicos,* que abusaram do poder, e mais profunda e difusa a produção de *registros históricos e a valorização da memória* por meio da *educação* e da *cultura.*

Regimes autoritários do passado tiveram a contribuição de acadêmicos, magistrados, promotores de justiça, da força policial, e produção de atos normativos. A história da ascensão do Terceiro Reich é ilustrativa a respeito. Como explica o historiador britânico Richard Evans, expoente pesquisador do nazismo, adesões de magistrados e promotores é inquestionável, e a produção legislativa do regime nazista revela depurações ideológicas ocorridas nos quadros de servidores públicos. Havia, no início do século XX e antes da chegada de Adolf Hitler ao poder, uma "tendência direitista e antirrepublicana" do Judiciário, promotores públicos, autoridades policiais, diretores de presídios e outros servidores públicos. Muitos magistrados alemães dos anos 1920 foram críticos da social-democracia e dos liberais, e relutavam em reajustar suas funções e interpretações jurídicas quando chegou a República de Weimar; *"(...) a lealdade estava não com a nova república, mas com o mesmo ideal abstrato do Reich (...)".*[220] Do total de 45 mil juízes, apenas 300 foram demitidos ou transferidos por motivos políticos, forte

---

[220] EVANS, Richard J. *A chegada do Terceiro Reich.* Trad. Lúcia Brito. 3ª ed. São Paulo: Planeta, 2016, p. 189 e 186.

CAPÍTULO IV - A QUE(M) SERVE O DIREITO?

indicativo de adesão ou sujeição passiva ao regime. O sistema jurídico contribuiu largamente ao regime nazista: muitos presos que eram soltos na sequência, voltavam a ser detidos em "custódia preventiva", sem qualquer processo formal de acusação ou julgamento. No âmbito da produção legislativa, Richard Evans relaciona a "Lei para a Restauração do Serviço Público Profissional", de 1933, por meio da qual Adolf Hitler visava regularizar as expulsões generalizadas de servidores de alto e baixo escalões pelas ações locais de camisas-pardas e do partido, demitir funcionários não arianos e qualquer outro que a atividade política prévia não estivesse alinhada ao Estado nacionalista; a "Lei contra Criminosos Habituais Perigosos", de 24 de novembro de 1933, permitiu aos tribunais sentenciar qualquer infrator condenado por três ou mais atos criminosos a "confinamento de segurança", após o cumprimento da pena; o decreto de 14 de dezembro de 1937 permitiu a detenção e confinamento em campos de concentração de todos os definidos como "antissociais" (ciganos, prostitutas, cafetões, vagabundos, andarilhos, mendigos e arruaceiros – até desempregados há muito tempo); a "Lei do Mexerico Malicioso" era aplicada contra alegações de que nazistas suprimiam a liberdade do povo, funcionários públicos ganhavam demais, prisioneiros de Dachau eram espancados, Hitler era um desertor, camisas-pardas eram ex-comunistas, lideranças nazistas eram corruptas etc;[221] "Lei dos editores", de outubro de 1933, responsabilizava pessoalmente os editores pelo conteúdo das publicações; a "Lei para o Confisco de Produtos de Arte Degenerada", de 1938, legalizou retroativamente apreensões de obras de arte de galerias, museus e coleções particulares; "Lei dos Curadores do Trabalho", que cerceava a liberdade de manifestação dos trabalhadores ao argumento de que antagonismos entre trabalhadores e empregadores no Estado nacional-socialista não se justificava; "Lei para Prevenção de Prole com Doença Hereditária", de julho de 1933, que prescreveu a esterilização compulsória de quem sofresse debilidade mental hereditária (a prostituição era considerada uma debilidade mental), esquizofrenia, psicose maníaco-depressiva, epilepsia, surdez, cegueira ou deformidade física hereditária, ou alcoolismo grave; "Lei do Casamento",

---

[221] EVANS, Richard J. *Terceiro Reich no poder*. Trad. Lúcia Brito. 3ª ed. São Paulo: Planeta, 2016, p. 100, 114 e 129.

que permitia o divórcio com fundamento na infertilidade prematura ou recusa do cônjuge de procriar; "Lei para a Proteção da Saúde Hereditária do Povo Alemão", de 1935, que proibia o casamento quando um dos cônjuges sofresse doença hereditária ou enfermidade mental; decreto de dezembro de 1938, que proibia ciganos de viajarem em "hordas" (leia-se: várias famílias); "Lei de Defesa", de 1935, que proibia "casamentos mistos" entre soldados alemães e mulheres não arianas; "Lei para a Proteção do Sangue Alemão e da Honra Alemã", que proibiu o casamento entre judeus e alemães ou "sangue congênere" e vetou relações sexuais fora do casamento entre as duas categorias.

Na França ocupada pelos nazistas, no regime colaboracionista de Vichy, o historiador francês Marc Olivier Baruch registra a atuação de um expoente do Direito Público francês, Roger Bonnard, que em, 4 de outubro de 1940, em sessão solene de volta às aulas na Faculdade de Direito de Bourdeaux, saudou "as novas instituições" do Estado autoritário então vigente, com ataques diretos ao "liberalismo individualista", "democracia" e "separação de Poderes", porque seriam "destruidores do Estado".[222]

A construção social de apoio a regimes autoritários sempre foi e permanece necessária. O Direito, no passado e no presente, contribui à elaboração da legitimidade do indizível – censura, torturas, desaparecimentos, mortes. Mas os horrores de Estados totalitários e ditaduras do século XX estipularam um nível mais alto de crítica, portanto, nos estados de exceção contemporâneos, a presença do Direito, quando justifica a opressão em vez de resistir a ela, é muito mais envolvente. No passado, a vontade política contava com o Direito, mas em outra intensidade, pois em algum momento ele podia capitular, subordinar-se. A vontade política alcançava o domínio do instrumento que lhe servia, e, nos momentos de esboço de reação, a força bruta do autoritarismo prevalecia e era incontrastável. A presença de autoridades jurídicas – juízes, promotores, acadêmicos – e a produção legislativa, se em muitas passagens eram espontâneas, noutras não importavam, o autoritarismo impunha-se, pleno e sobranceiro,

---

[222] ROLLEMBERG, Denise; QUADRAT, Samantha Viz. "Sociedades e regimes autoritários". In: *A construção social dos regimes autoritários*, p. 56.

CAPÍTULO IV - A QUE(M) SERVE O DIREITO?

indiferente a qualquer mediação. O Direito era coarctado pelos desejos políticos e prestava submisso seu serviço de oferecer o mínimo verniz de legitimidade ao regime.

No presente, estados de exceção necessitam – e esperam – mais do Direito que se apresenta para elaborar narrativas persuasivas e complexas de justificativa da opressão. O Direito assume um programa de racionalidade, torna-se o *logos* – palavras e razão – de afetos que circulam na sociedade, abriga a vontade política autoritária. O Direito, se não resiste à vontade política autoritária, *serve voluntariamente* a ela. Há um espírito de colaboração do Direito que serve docilmente, disponibiliza suas aptidões, proporciona narrativas de racionalidade para acolher afetos políticos mobilizados pela vontade política autoritária. O Direito não é um impedimento, mas parceiro indispensável a permitir a agentes autoritários camuflarem os seus ódios à democracia, esconderem a vazão autoritária em escaninhos de regras jurídicas, travestirem anseios autoritários em intenções nobres. A *servidão voluntária* é a chave de interpretação do papel do Direito nos estados de exceção. Se não resiste é porque há um *desejo* do Direito de servir ao arbítrio. Para desarticular esta simbiose nociva entre a vontade política e o Direito, e esperar que este cumpra sua função de resistência às investidas de estados de exceção, é preciso entender por que ocorre a servidão voluntária.

4.1 O Direito em servidão voluntária nos estados de exceção

O filósofo francês Étienne de La Boétie contava entre 16 e 18 anos, a depender das contraditórias versões biográficas, quando escreveu *Discurso da servidão voluntária*. Morreu muito jovem, aos 32 anos de idade, mas seu ensaio atravessaria o tempo, renovando-se com outros recursos científicos, tal como a psicanálise a partir do século XX, e permanece a espantar por sua intensidade e sensível capacidade de penetração na alma, consciente e inconsciente, dos indivíduos e das massas. Produzido em meados do século XVI, durante a formação e ascensão de Estados Absolutistas, o breve livro de Étienne de La Boétie inverteu a perspectiva crítica sobre a tirania, pois em vez de propor entender-se o porquê e como se exerce a força dominadora, traçou outro percurso, posicionou-se em perspectiva diversa, lançou luzes em outro ângulo da relação: quem suporta a tirania, o povo. Por que o povo se faz servo? Por que aceita e não se opõe? O foco dele é o sentimento, as razões e os costumes dos dominados. A originalidade de sua obra, em seu tempo e na atualidade, é a percepção de que a servidão pode ser voluntária.

Étienne de La Boétie inicia sua reflexão:

> Por enquanto, gostaria somente de entender como tantos homens, tantos burgos, tantas cidades e tantas nações suportam às vezes um tirano só, que não tem mais poder que o que lhe dão, que só pode prejudicá-los enquanto quiserem suportá-lo, e que só pode fazer-lhes mal se eles preferirem tolerá-lo a contradizê-lo.[223]

Se quem domina *"(...) tem só dois olhos, duas mãos, um corpo, nem mais nem menos que o mais simples dos habitantes do número infinito de vossas cidades"*, então *"De onde tira tantos olhos que vos espiam, se não os colocais à disposição deles?"*, ou *"(...) tantas mãos para vos bater, se não as emprestadas de vós?"*, e os *"(...) pés que pisoteia vossas cidades não são também os vossos?"*.[224] Para o tirano exercer o seu domínio é preciso *consentimento* de quem sofre a sua injunção.

A servidão voluntária, oximoro revelador das relações de poder na vida política, pode estender-se em considerações a outros campos de poder sequer pensados por Étienne de La Boétie: em família, vínculos de trabalho, na educação quanto à forma como se organizam as instituições de ensino e transmite-se o conhecimento, dinâmicas sociais que discutem o espaço das mulheres e grupos tradicionalmente discriminados, como os negros, homossexuais e outros, na organização estrutural de religiões e das ciências em suas diversas áreas, e especificamente, o que é o núcleo de interesse do presente estudo, na relação que se estabelece entre a *política* e o *Direito*.

---

[223] BOÉTIE, Étienne de La. *Discurso da servidão voluntária*. Trad. Casemiro Linarth. São Paulo: Martin Claret, 2009, p. 32.

[224] BOÉTIE, Étienne de La. *Discurso da servidão voluntária*. Trad. Casemiro Linarth. São Paulo: Martin Claret, 2009, p. 38.

CAPÍTULO IV - A QUE(M) SERVE O DIREITO?

O povo submetido "(...) não só perdeu a liberdade, mas ganhou a servidão", diz Étienne de La Boétie ao concluir que há um desejo por servir, submeter-se voluntariamente. O hábito, a constância desta espontânea disponibilidade à tirania, torna-se um "poder irresistível" a nos "ensinar a servir",[225] a elaborar um costume de aceitar a imposição arbitrária.

A filósofa Marilena Chauí analisa o pensamento de Étienne de La Boétie: se nascemos livres, por que trocamos a liberdade pela escravidão, pois é possível perceber "não ter perdido a liberdade, mas ganhado a servidão", o que não parece uma desgraça, mas uma conquista; como um pode dominar uma multidão? A resposta, sintetiza a filósofa, desdobra-se em três movimentos: (i) o tirano, esse "um", encontra-se provido de milhares de olhos e ouvidos para espionar, milhares de mãos para pilhar e milhares de pés para esmagar, este corpo gigantesco é o povo que proporciona, é o corpo político do soberano; (ii) a origem da doação de si ao corpo soberano e à constituição do tirano é que as pessoas não acreditam alienar suas vidas, vontades e pensamentos a outro, mas creem fazê-lo a si próprios porque "(...) cada um deseja ser obedecido pelos demais e ser tirano também"; assim acontece porque se conta com a esperança de alguma parcela reverter a si próprio, também se converter, em alguma medida, em tirano. A vontade de servir é uma face da vontade de dominar; (iii) o povo é enganado em seu desejo servil porque imaginava que seria servido. A tirania não é ato de violência de um homem ou grupo sobre outros, mas nasce do desejo de servir que o povo proporciona, para seu próprio infortúnio, em cumplicidade com o tirano; (iv) a tirania mantém-se pela força do costume; "(...) os homens se acostumam a servir e criam filhos alimentando-os no leite da servidão". O costume ensina a servir.[226] Para a filósofa francesa Simone Goyard-Fabre há uma "forte intuição contratualista" na obra de Étienne de La Boétie porque a servidão decorre do consentimento do povo que se deixa submeter, mas se recusasse esta situação o tirano perderia todo o poder.[227]

---

[225] BOÉTIE, Étienne de La. *Discurso da servidão voluntária*. Trad. Casemiro Linarth. São Paulo: Martin Claret, 2009, pp. 44, 45.

[226] CHAUÍ, Marilena. *Contra a servidão voluntária*. Org. Homero Santiago. Belo Horizonte: Autêntica, 2013, p. 11-20.

[227] GOYARD-FABRE, Simone. *O que é a democracia?* Trad. Cláudia Berliner. São Paulo: Martins Fontes, 2003, p. 111.

Posso dar continuidade ao pensamento de Simone Goyard-Fabre em conexão ao segundo movimento proposto por Marilena Chauí. Há uma forte, e ao mesmo tempo dissimulada, inclinação contratualista entre a política e o Direito nos estados de exceção, pois o Direito *serve voluntariamente* porque *deseja servir*.

O *desejo de servir porque quer dominar* é uma chave de interpretação para compreender o Direito quando contribui nos estados de exceção em vez de resisti-los. Esta perspectiva também foi tema de reflexão da filósofa alemã Hannah Arendt, ao tratar dos totalitarismos históricos. Em 1964, ela publicou um texto intitulado *Responsabilidade pessoal sob a ditadura,* no qual propõe uma reflexão às críticas do seu clássico livro, *Eichmann em Jerusalém,* e por isso ela volta a um dos seus temas recorrentes, à indagação da responsabilidade de agentes públicos em sistemas totalitários. Ela diz ser uma falácia igualar *consentimento* à *obediência*. Muito embora seja o argumento habitual da defesa de funcionários em regimes autoritários, ao tentarem explicar os seus atos (apenas *obedeciam* às ordens), qualquer espécie de governo, até "os mais autocráticos", depende do consentimento, afirma Hannah Arendt. Um líder, num regime de opressão, *"(...) nunca é mais do que o 'primus inter pares', o primeiro entre seus pares. Aqueles que parecem obedecer-lhe realmente o apoiam, a ele e ao seu empreendimento (...)"*, o que a leva a concluir que *"(...) os não-participantes na vida pública sob uma ditadura são aqueles que se recusam a dar o seu apoio (...)"*. Hannah Arendt diz que, em termos de ciência política, a burocracia – e um governo militar prima pela burocracia como recurso à sua sobrevivência – é *"(...) o mando de ninguém e, por essa mesma razão, talvez a forma menos humana e mais cruel de governo"*.[228]

Outra chave de interpretação diz respeito à importância do *hábito*. O Direito contribui à *normalização* de estados de exceção porque produz *hábitos*. Étienne de La Boétie apontou o hábito como elemento constituinte da servidão voluntária. A *normalidade* tratei no capítulo anterior, mas relembro com brevidade: estados de exceção precisam ser normalizados

---

[228] ARENDT, Hannah. *Responsabilidade e julgamento.* Trad. Rosaura Einchenberg. São Paulo: Companhia das Letras, 2004, p. 109, 110 e 94.

CAPÍTULO IV - A QUE(M) SERVE O DIREITO?

para manterem-se vivos, um paradoxo dos regimes autoritários; a normalização da produção de exceções. Ataques, agressões, guerras contra qualquer inimigo, antigos ou novos, vivos ou mortos, campos específicos da sociedade civil (imprensa, educação, cultura), pessoas ou ideias. O que importa é a convergência de afetos, permanentemente alimentados pela vontade política autoritária contra inimigo(s), e o Direito em *servidão voluntária* a produzir o *hábito* — leia-se: *normalidade* — dos estados de exceção. Estados de exceção precisam do Direito porque ele oferece ao autoritarismo a sua fantasia de legitimidade. Quando o Direito serve voluntariamente nos estados de exceção, assim o faz porque deseja exercer sua parcela de tirania. O desejo de dominar do Direito esconde-se em seus próprios discursos, camufla-se na lógica formal da narrativa jurídica. O sociólogo francês Alain Touraine sinaliza uma das formas de operar o Direito junto a regimes autoritários:

> O que, ainda hoje, opõe um pensamento autoritário a um pensamento democrático é que o primeiro insiste sobre a formalidade das regras jurídicas, enquanto o outro procura descobrir, atrás da formalidade do direito e da linguagem do poder, escolhas e conflitos sociais.[229]

O Direito em servidão voluntária nos estados de exceção ocorre com a incontrastável afronta a valores e princípios definidos na ordem constitucional, sem a devida contenção do abuso praticado, o que pode ocorrer em diversas esferas:

(i) no Legislativo, ao produzir leis, ou se comportarem os legisladores, muito além do horizonte de possibilidades definido pela Constituição. Serve a ilustrar os recorrentes vídeos de integrantes do Legislativo que circularam no início do ano de 2020, com declarações que estimulavam acintosamente o descumprimento de leis ambientais.[230]

---

[229] GOYARD-FABRE, Simone. *O que é a democracia?* Trad. Cláudia Berliner. São Paulo: Martins Fontes, 2003, p. 37
[230] TOLEDO, Marcelo. "Justiça manda repor correntes destruídas por deputado em rodovia fechada por índios", *Folha*, 2020. Disponível em: https://www1.folha.uol.

(ii) na Administração Pública, por escalões diversos em vínculos hierárquicos ou mesmo por entes supostamente independentes administrativamente (autarquias, fundações, empresas estatais), ao editar atos jurídicos e políticas públicas manifestamente autoritários. Considerem-se como exemplos a regulamentação de livros proibidos de circular em escolas públicas, tal como feito pelo Governo do Estado de Rondônia, em fevereiro de 2020, ao pretender excluir autores clássicos como Caio Fernando Abreu, Ferreira Gullar, Carlos Heitor Cony, Rubem Fonseca, Nelson Rodrigues, Euclides da Cunha, ao argumento de serem "inadequados às crianças e adolescentes";[231] a determinação pelo presidente da república, em 25 de março de 2019, de "comemorações devidas" em unidades militares do país, ao golpe civil-militar de 1964,[232] o que se conectou diretamente com o evento de fevereiro de 2020, no qual o presidente da república compartilhou vídeo que convocava a população para manifestações a favor dos militares e contra o Congresso Nacional e o Supremo Tribunal Federal,[233] primeiro de uma série de outros encontros com pedidos de intervenção militar no país.[234]

(iii) no Ministério Público e no Judiciário, ao interpretarem e aplicarem normas jurídicas com sentidos que não cabem na jurisprudência e não podem ser vistos como novos paradigmas porque igualmente não cabem nas hipóteses de significados contempladas na Constituição. Para ilustrar, lembro das exceções cometidas durante a Operação Lava Jato, investigação que se iniciou em 2014 para apurar crimes de corrupção e

---

com.br/poder/2020/02/justica-manda-repor-correntes-destruidas-por-deputado-em-rodovia-fechada-por-indios.shtml. Acesso em: 15.01.2021.

[231] Disponível em: https://www.huffpostbrasil.com/entry/livros-escolas-rondonia_br_5e3d5a34 c5b6f1f57f0f770c.

[232] FERNANDES, Talita, URIBE, Gustavo. "Bolsonaro determinou 'comemorações devidas' do golpe de 1964, diz porta-voz", *Folha*, 2019. Disponível em: https://www1.folha.uol.com.br/poder/2019/03/bolsonaro-determinou-comemoracoes-devidas-do-golpe-de-1964-diz-porta-voz.shtml. Acesso em: 15.01.2021.

[233] "Bolsonaro compartilha vídeo sobre ato contra Congresso e políticos reagem", *Exame*, 2020. Disponível em: https://exame.abril.com.br/brasil/oposicao-reage-a-video-em-que-bolsonaro-convoca-para-ato/. Acesso em: 15.01.2021.

[234] "4 pontos sobre o discurso de Bolsonaro em ato a favor de 'intervenção militar'", BBC News Brasil, 2020. Disponível em: https://www.bbc.com/portuguese/brasil-52353804. Acesso em: 15.01.2021.

CAPÍTULO IV - A QUE(M) SERVE O DIREITO?

lavagem de dinheiro contra o patrimônio nacional, na qual o juiz Sérgio Moro e integrantes do Ministério Público Federal mantinham comunicação reservada em aplicativo de mensagens comprometendo o igual tratamento que se deveria dar à acusação e à defesa, além da ocorrência de vazamentos seletivos de gravações resultantes de interceptações telefônicas ordenadas judicialmente, e ainda a recusa deste magistrado de cumprir ordem judicial de instância superior, o que se deu ao interromper as suas férias para intervir no processo;[235]

(iv) na atuação de juristas, pesquisadores, advogados, instituições jurídicas como universidades e outras entidades, ao expressarem seu consentimento ao arbítrio. Lembro a participação, em graus variados, de renomados juristas brasileiros durante regimes autoritários desde o Estado Novo (1937-1945) até a ditadura militar (1964-1985): Francisco Campos, Pontes de Miranda, Themístocles Brandão Cavalcanti, Vicente Rao, Carlos Medeiros Silva, Luiz Antônio da Gama e Silva, Armando Falcão, Alfredo Buzaid, Miguel Reale, Aliomar Baleeiro, Hely Lopes Meirelles, entre outros.

Diante do *desejo de servir,* a indagação a ser feita pode ser emprestada de Hanna Arendt: *"Por isso, a pergunta endereçada àqueles que participaram e obedeceram a ordens nunca deveria ser: 'Por que vocês obedeceram?, mas: 'Por que vocês 'apoiaram'?"*.[236] Para Étienne de La Boétie, a resposta é a expectativa de *dominar.*

A seguir, trato de temas clássicos do Direito Público que, nos estados de exceção, subvertem suas tradições de proteção aos cidadãos e limites ao poder para servirem (voluntariamente) à opressão.

4.1.1 Políticas públicas reacionárias na cultura e na educação

No capítulo anterior, afirmei a importância, para a democracia, de um *legado da consciência histórica de regimes autoritários,* que se forma

---

[235] SOARES, Jussara. "Moro interrompe férias para despachar sobre liberdade de Lula", *O GLOBO*, 2018. Disponível em: https://oglobo.globo.com/brasil/moro-interrompe-ferias-para-despachar-sobre-liberdade-de-lula-22865241. Acesso em: 16.01.2021.
[236] ARENDT, Hannah. *Responsabilidade e julgamento.* Trad. Rosaura Einchenberg. São Paulo: Companhia das Letras, 2004, p. 111.

tanto pela existência de um *grau razoável de responsabilização* daqueles que abusaram do poder (i) quanto pelo *registro histórico e a valorização da memória* da opressão e violência cometidos pelos regimes autoritários (ii), e neste caso a promoção de uma consciência social crítica e difusa ocorre por meio da *educação* e da *cultura*. Ainda fiz referência, e volto a mencionar por tão estarrecedora constatação, à pesquisa realizada no Brasil de 2019 ter apurado que 90% dos cidadãos desconhecem o que foi o Ato Institucional n. 5.[237]

O legado de consciência histórica é fundamental para permitir a resistência contra os regimes autoritários. Por isso, estados de exceção iniciam seus ataques contra a educação e a cultura. Pois são campos de reflexão, compreensão da realidade, conscientização da ética política comprometida com sua história e responsável pelo presente. Educação e cultura geram a possibilidade de resistir por informarem, ampliarem o horizonte de compreensão, possibilitarem recursos à avaliação crítica da vida política. Estados de exceção veem a educação e a cultura como seus inimigos. São os primeiros inimigos a serem combatidos, precisam ser superados para o regime autoritário estabelecer-se com sucesso, e depois continuam a ser atacados porque é preciso entorpecer a capacidade de análise política da sociedade para *normalizarem-se* os estados de exceção.

O Direito que atende ao chamado da vontade política autoritária para reformular as políticas públicas de educação e de cultura em confronto direto contra valores constitucionais o faz por um caminho retórico tão sutil quanto capcioso: a invocação do interesse público. Não é o interesse público inscrito na Constituição, tal como se encontra na Constituição da República Federativa do Brasil de 1988, ao afirmar a "igualdade de condições para o acesso e permanência na escola" (art. 206, I), "liberdade de aprender, ensinar, pesquisar e divulgar o pensamento, a arte e o saber" (II), "pluralismo de ideias e concepções pedagógicas" (III), "valorização dos profissionais da educação escolar" (V), "gestão democrática do ensino público" (VI), "autonomia didático-

---

[237] "65% desconhecem o AI-5, diz Datafolha; 35% já ouviram falar", *G1,* 2020. Disponível em: https://g1.globo.com/politica/noticia/2020/01/01/65percent-desconhecem-o-ai-5-diz-datafolha-35percent-ja-ouviram-falar.ghtml. Acesso em: 16.01.2021.

CAPÍTULO IV - A QUE(M) SERVE O DIREITO?

científica, administrativa e de gestão financeira e patrimonial" das universidades (art. 207), "valorização e difusão das manifestações culturais" (art. 215), inclusive "indígenas e afro-brasileiras" (§ 1º), proteção do "patrimônio cultural" (art. 216). Mas o interesse da vontade política que atravessa, e rompe, valores constitucionais. Pode ocorrer por um líder populista que personifica a soberania e age contra políticas vigentes compatíveis com a ordem constitucional que são substituídas por propostas para "purificar" a sociedade, "resgatar o passado de honra", promover os valores do "seu povo". O populismo, lembre-se, reivindica uma moral exclusiva que não suporta a diversidade, a pluralidade, tensões e contradições próprias da democracia. A visão de mundo do líder populista ocupa o signo "interesse público" e dele alija os significados do texto constitucional. O autoritarismo também pode se dar pela intensa mobilização de afetos que são articulados para franquear o avanço de vontades políticas muito além dos seus limites, e inimigos, na educação e na cultura, são escolhidos, ou inventados, como força gravitacional de adesão que viabiliza os estados de exceção.

Algumas passagens para ilustrar: a proposta do partido de extrema-direita da Espanha, o Vox, que, no início de 2020, quis possibilitar aos pais a intervenção na política de educação com a alternativa de proibirem que os seus filhos tenham aulas sobre educação sexual – o "Pin Parental", como foi apelidada a ideia, pela semelhança com o recurso de bloqueio de programas na TV paga;[238] no Brasil de 2019, a decisão do Governador do Estado de São Paulo, João Dória, determinou que fossem recolhidas as apostilas destinadas aos alunos do 8º ano do ensino fundamental, que tratavam de sexo biológico, identidade de gênero, orientação sexual, orientações sobre gravidez e doenças sexualmente transmissíveis, ao argumento de que seria uma "apologia à ideologia de gênero";[239] ainda

---

[238] BALAGO, Rafael. "Proposta que dá a pais poder de vetar aulas sobre sexo e religião avança na Espanha", *Folha,* 2020. Disponível em: https://www1.folha.uol.com.br/mundo/2020/02/proposta-que-da-a-pais-poder-de-vetar-aulas-sobre-sexo-e-religiao-avanca-na-espanha.shtml. Acesso em: 16.01.2021.

[239] "Doria manda recolher apostila de ciência que fala sobre diversidade sexual: 'Não aceitamos apologia à ideologia de gênero'", *G1,* 2019. Disponível em: https://g1.globo.com/sp/sao-paulo/noticia/2019/09/03/doria-manda-recolher-livros-de-ciencia-que-

no Brasil de 2019, no mês de abril, o ministro da educação Abraham Weintraub acusou o ambiente universitário de local de "balbúrdia" e anunciou severos cortes dos repasses de recursos financeiros a universidades públicas, o que se pôs logo em prática contra a Universidade de Brasília, a Universidade Federal Fluminense e a Universidade Federal da Bahia;[240] em junho de 2020, por meio de medida provisória devolvida pelo presidente do Congresso Nacional ao presidente da república, houve sério risco de enfraquecimento da autonomia universitária ao se tentar conferir ao ministro da Educação a possibilidade de nomear os reitores das universidades federais sem ouvir as comunidades universitárias;[241] em programas de fomento à cultura, novamente no Brasil de 2019, a imprensa noticiou que projetos culturais tiveram o apoio financeiro do governo interrompido em situação suspeita de censura;[242] por fim, relembro o discurso, em janeiro de 2020, do secretário da cultura do governo federal que plagiou trechos de mensagens nazistas para justificar a busca por uma arte "heroica" e "imperativa", uma leitura singular de mundo avessa às diferenças, "ou então não será nada".[243]

---

fala-sobre-diversidade-sexual-nao-aceitamos-apologia-a-ideologia-de-genero.ghtml. Acesso em: 16.01.2021.

[240] AGOSTINI, Renata. "MEC cortará verba de universidade por 'balbúrdia' e já enquadra UNB, UFF E UFBA", *Estadão*, 2019. Disponível em: https://educacao.estadao.com.br/noticias/geral,mec-cortara-verba-de-universidade-por-balburdia-e-ja-mira-unb-uff-e-ufba,70002809579. Acesso em: 16.01.2021.

[241] "Davi devolve MP que autorizava nomeação sem eleições de reitores das universidades", *Senado notícias,* 2020. Disponível em: https://www12.senado.leg.br/noticias/audios/2020/06/davi-devolve-mp-que-autorizava-nomeacao-sem-eleicoes-de-reitores-das-universidades. Acesso em: 16.01.2021.

[242] TAVARES, Joelmir. "Estatais cancelam programas culturais e despertam novas suspeitas de censura", Folha, 2019. Disponível em: https://www1.folha.uol.com.br/ilustrada/2019/10/estatais-cancelam-programas-culturais-e-despertam-novas-suspeitas-de-censura.shtml. Acesso em: 22.01.2021; LONGO, Ivan, "10 manchetes, apenas desta semana que atestam: a censura voltou no Brasil", Revista Fórum, 2019. Disponível em: https://revistaforum.com.br/politica/10-manchetes-apenas-desta-semana-que-atestam-a-censura-voltou-no-brasil/. Acesso em: 22.01.2021.

[243] BARBIÉRI, Luiz Felipe. "Bolsonaro exonera secretário da Cultura que fez discurso com frases semelhantes às de ministro de Hitler", *G1,* 2020. Disponível em: https://g1.globo.com/politica/noticia/2020/01/17/bolsonaro-exonera-secretario-da-cultura-que-fez-discurso-com-frases-semelhantes-as-de-ministro-de-hitler.ghtml. Acesso em: 16.01.2021.

CAPÍTULO IV - A QUE(M) SERVE O DIREITO?

Estados de exceção atacam a educação e a cultura e apoderaram-se delas para cultuar o medo, fruto da ignorância, e fazem imperar, cada vez com mais normalidade, a censura e a força da opressão. Não é por acaso a defesa de projetos como "escola sem partido"[244], pelos quais se pretende interditar a liberdade de ensinar, o pluralismo de ideias e a autonomia didático-científica. A educação e a cultura são domesticadas pelos estados de exceção.

4.1.2 Ausência de transparência: a supressão da democracia pelo Estado nas redes sociais

O filósofo político italiano Norberto Bobbio prefere a definição de democracia como o "poder em público" para que se mantenha o destaque do dever dos governantes de expor as razões de suas decisões. A ausência de publicidade afeta diretamente a definição primária de democracia, o poder do povo. Diz ele:

> Uma vez mais a ocultação de poder encontra sua própria justificação na insuficiência, quando não na completa indignidade, do povo. O povo, ou não deve saber, porque não é capaz de entender, ou deve ser enganado, porque não suporta a luz da verdade.[245]

Apresentam-se, no ataque à democracia, as "técnicas do poder secreto", de Norberto Bobbio: *"(...) subtrair-se à vista do público no momento em que se tomam as deliberações de interesse público; e vestir a máscara quando é obrigado a apresentar-se em público"*. A dissimulação desempenha-se principalmente pela linguagem, hábil a ocultar o pensamento. Para o filósofo, duas formas merecem expressa referência: a linguagem esotérica, compreensível apenas a quem está próximo de

---

[244] MONTEIRO, Carolina; TENENTE, Luiza; FAJARDO, Vanessa. "'Escola sem Partido': entenda a polêmica em torno do movimento e seus projetos de lei", *G1*, 2016. Disponível em: https://g1.globo.com/educacao/noticia/entenda-a-polemica-em-torno-do-escola-sem-partido.ghtml. Acesso em: 16.01.2021.

[245] BOBBIO, Norberto. *Teoria geral da política*: a filosofia política e as lições dos clássicos. Trad. Daniela Beccaccia Versiani. Rio de Janeiro: Elsevier, 2000, p. 386, 389.

quem a utiliza, e a linguagem comum que serve a anunciar o oposto do que se pensa ou transmitir informações erradas ou distorcidas.[246]

Desta segunda hipótese, as declarações que anunciam o seu oposto, errado (falso) ou distorcido (parcialmente falso), o presidente dos Estados Unidos, Donald Trump, fez rotina. Em meio à crise do Covid-19, ainda no seu início, até 10 de março de 2020, a imprensa americana detectou ao menos 28 declarações enganosas do presidente estadunidense, dentre elas: a possibilidade de qualquer pessoa fazer a verificação se estava contaminado com a doença enquanto era conhecido que não havia conjuntos de testes suficientes; a proximidade da disponibilidade de uma vacina apesar da ausência deste horizonte; o quadro epidêmico na Itália estaria em melhora enquanto o número de infectados e mortos estava em ascensão; o vírus estaria controlado nos Estados Unidos apesar do agravamento diário da difusão da doença; e outras mais.[247]

Na Constituição da República Federativa do Brasil o *regime republicano* (art. 1º) e o *princípio da publicidade* (art. 37, *caput*) são os vetores jurídicos da transparência. A íntima associação entre o princípio da publicidade e o regime democrático determina, em Estados de Direito, o dever dos agentes públicos de primarem pela transparência, em síntese do jurista Celso Antônio Bandeira de Mello: *"(...) o dever administrativo de manter plena transparência em seus comportamentos"*.[248] Predicado da ética pública, a violação da transparência afeta outros direitos, tal como a isonomia, como alerta a jurista Lúcia Valle Figueiredo,[249] porque apenas pela transparência da atividade do Poder Público é possível aferir se a Administração Pública trata os iguais do mesmo modo, se não fere o

---

[246] BOBBIO, Norberto. *Teoria geral da política*: a filosofia política e as lições dos clássicos. Trad. Daniela Beccaccia Versiani. Rio de Janeiro: Elsevier, 2000, pp. 403-404.

[247] "5 vezes em que Trump deu declarações falsas ou erradas sobre o coronavírus", *Estadão*, 2020. Disponível em: https://internacional.estadao.com.br/noticias/geral,5-vezes-em-que-trump-deu-declaracoes-falsas-ou-erradas-sobre-o-coronavirus,70003231118. Acesso em: 16.01.2021.

[248] FIGUEIREDO, Lúcia Valle. *Curso de Direito Administrativo*. 7ª ed. São Paulo: Malheiros, 2004, p. 102.

[249] FIGUEIREDO, Lúcia Valle. *Curso de Direito Administrativo*. 7ª ed. São Paulo: Malheiros, 2004, p. 62.

CAPÍTULO IV - A QUE(M) SERVE O DIREITO?

princípio da igualdade ao conceder privilégios e benesses diferenciadas a alguns. Deveres de transparência e de prestação de contas para com o cidadão são muitos na Constituição brasileira. Além do regime republicano e do princípio da publicidade, encontram-se os *direitos fundamentais de petição* e *de informação a ser prestada pelo Estado* no art. 5º, XXXIII e XXXIV, '*a*', respectivamente.

O jurista Fábio Konder Comparato também associa o princípio da publicidade com o regime republicano:

> Numa república, ninguém pode exercer o poder em benefício próprio ou de grupos ou corporações às quais pertença, mas deve fazê-lo para a realização do bem público, que é o bem do povo (*res publica, res populi*). Todos os atos oficiais dos agentes públicos devem ser submetidos ao regime de integral publicidade. Todo cidadão tem o direito fundamental de saber a verdade e tomar conhecimento daquilo que foi feito em nome do povo, do qual ele, cidadão, é um dos componentes.[250]

Os estados de exceção desidratam constante e obstinadamente o princípio da publicidade e o regime republicano. A transparência é inimiga do tirano, uma ameaça à soberania do líder autoritário e de quem orbita ao seu redor, um risco a todos que usurpam o poder do povo porque é necessário que a sociedade não perceba a espoliação do poder. Sem transparência não há controle social. Um dos alvos contra os quais se investe é a transparência que o Estado de Direito deveria ostentar e que é substituída pela opacidade, e quem a apoia mesmo sem se encontrar no núcleo da soberania (da capacidade de decidir os estados de exceção) o faz em servidão voluntária, quer dizer, compactua-se movido pelo desejo de dominar.

No Brasil de 2019, o principal programa social de combate à miséria que atravessava governos federais de Fernando Henrique Cardoso,

---

[250] COMPARATO, Fábio Konder. *Ética, Direito, moral e religião no mundo moderno*. São Paulo: Companhia das Letras, 2006, p. 635.

Luís Inácio Lula da Silva, Dilma Rousseff e Michel Temer, mesmo com nomes e composições variadas, conhecido em sua versão mais popular como "Bolsa Família", passou a concentrar uma longa fila de espera, mas os pedidos para conhecer-se com mais precisão a dimensão do atraso depararam-se com a simples recusa de informar por parte do governo federal.[251]

Outra conhecida fórmula de investida contra a democracia na atualidade é a difusão de notícias falsas ("fake news") com suspeita de participação do próprio Estado, tal como aconteceu nos Estados Unidos sob a gestão do presidente Donald Trump,[252] e no Brasil o Supremo Tribunal Federal, em maio de 2020, afirmou a suspeita de participação de servidores lotados na Presidência da República no que passou a ser conhecido como "gabinete do ódio", *"(...) um esquema para disseminar notícias falsas e ofensas contra autoridades e instituições (...)"*.[253]

Para fustigar a transparência, os estados de exceção valem-se, na contemporaneidade, de um instrumento que transmite a impressão contrária do que efetivamente se opera, as redes sociais. Recordo que estados de exceção são dissimulados porque os ataques à democracia acontecem com o uso recorrente da palavra "democracia". As redes sociais transmitem a impressão de proximidade entre os mais distantes, não em seu sentido físico, mas no sentimento de intimidade. As declarações de autoridades públicas aos cidadãos que os seguem em redes causam a ilusão da máxima transparência por esta ficção de proximidade.

---

[251] RESENDE, Thiago. "Bolsa-família volta a ter fila de espera e corre risco de encolher", *Folha*, 2019. Disponível em: https://www1.folha.uol.com.br/mercado/2019/10/bolsa-familia-volta-a-ter-fila-de-espera-e-corre-risco-de-encolher.shtml. Acesso em: 16.01.2021.

[252] BERCITO, Diogo. "Com desmonte e fake news, governo Trump agravou epidemia nos EUA", *Folha*, 2020. Disponível em: https://www1.folha.uol.com.br/mundo/2020/03/com-desmonte-e-fake-news-governo-trump-prejudicou-1a-reacao-ao-coronavirus.shtml. Acesso em: 16.01.2021.

[253] BOGHOSSIAN, Bruno; FABRINI, Fábio; TEIXEIRA, Matheus. "Decisão do Supremo cita 'gabinete do ódio' do Planalto e indica possível associação criminosa", *Folha*, 2021. Disponível em: https://www1.folha.uol.com.br/poder/2020/05/decisao-de-moraes-para-operacao-contra-fake-news-cita-gabinete-do-odio-e-assessores-de-bolsonaro.shtml. Acesso em: 16.01.2021.

CAPÍTULO IV - A QUE(M) SERVE O DIREITO?

Mas em geral estas comunicações em rede representam o seu inverso porque as informações são superficiais, raramente acompanhadas de provas do que é afirmado, e são discriminatórias quando delimitam "seu povo", com a exclusão de quem se opõe, ou simplesmente questiona, o governo em exercício. Informa-se quem apoia, seja porque não compreende a informação falsa ou distorcida, seja porque tem o desejo de servir voluntariamente, informa-se o mínimo suficiente e seletivo para o faz de conta de democracia.

Entre as redes sociais, o *Twitter* tornou-se uma das principais plataformas de comunicação oficial de governos. O presidente dos Estados Unidos, Donald Trump, bloqueou opositores que o seguiam nesta plataforma, mas a Suprema Corte o proibiu de agir deste modo porque entendeu ser um ato de censura e "discriminação de ponto de vista" vedado pela Constituição americana.[254] No Brasil de 2019, um cenário parecido: o presidente Jair Bolsonaro bloqueou um jornalista no *Twitter*, que ingressou com mandado de segurança (MS n. 36.666) junto ao Supremo Tribunal Federal, sem decisão provisória da relatora, ministra Carmen Lúcia.[255] Em abril de 2020, durante a pandemia do Covid-19, o presidente de El Salvador, Nayib Bukele, utilizava o *Twitter* para transmitir ordens às Forças Armadas, cujas lideranças respondiam no mesmo aplicativo, *"sim, senhor"*.[256]

Estados de exceção são antípodas da transparência, rejeitam-na intrinsecamente, não a suportam, a convivência pacífica é impossível. Quem espera a transparência pode encontrar, em vez da presença da autoridade pública, um humorista em seu lugar.[257]

---

[254] Suprema Corte dos EUA proíbe Trump de bloquear opositores no Twitter", *Veja*, 2019. Disponível em: https://veja.abril.com.br/mundo/suprema-corte-dos-eua-proibe-trump-de-bloquear-opositores-no-twitter/. Acesso em: 16.01.2021.

[255] Disponível em: http://portal.stf.jus.br/processos/detalhe.asp?incidente=5766575. Acesso em 13.05.2020.

[256] COLOMBO, Sylvia. "Presidente de El Salvador usa quarentena para radicalizar autoritarismo no país", *Folha*, 2020. Disponível em: https://www1.folha.uol.com.br/mundo/2020/04/presidente-de-el-salvador-usa-quarentena-para-radicalizar-autoritarismo-no-pais.shtml. Acesso em: 16.01.2021.

[257] MILITÃO, Eduardo. "Bolsonaro faz piada com PIB usando humorista Carioca

4.1.3 Poder de polícia no encalço de inimigos.

Referir-se ao poder de polícia abre ao menos dois flancos bem distintos para a sua abordagem, um para o Direito Penal, outro para o Direito Público. No Direito Penal, considera-se como premissa que há condutas descritas em lei como crime; no Direito Público envolve a atividade regulatória que o Estado exerce sobre a vida privada em sociedade e o exercício de fiscalização do seu cumprimento, e ainda a proteção do patrimônio público. O mesmo comportamento fático pode eventualmente dizer respeito a estas duas áreas do Direito.

O Direito Penal contempla significativa produção acadêmica de crítica à sua atuação. Muitas situações nas quais a operatividade do Direito Penal oferece lastro ao arbítrio são denunciadas, a sua disponibilidade nos estados de exceção, quando acontece, concorre com ampla análise reflexiva deste desserviço.

O jurista Marcelo Semer sustenta que a ascensão do Estado penal aparece como uma resposta ao crescimento da insegurança social, e não propriamente da insegurança criminal, como normalmente se apresenta no discurso. O trabalho social em retração e o regime social em expansão compõem o mesmo dispositivo organizacional porque, como afirma o sociólogo francês Loic Wacquant, por ele citado, um sistema carcerário diligente não é um desvio, mas componente constitutivo das razões neoliberais. A percepção da conexão entre afetos políticos e o Direito tem sido verbalizada nos estudos de criminologia, como se encontra com o jurista inglês David Garland, referido por Marcelo Semer, ao teorizar sobre "a cultura do controle" que se assenta no "tom emocional na política criminal, centrado na ampliação do medo". Nos Estados Unidos, a escritora estadunidense Michelle Alexander, entre outros intelectuais, denuncia o "novo Jim Crow": a "discriminação legalizada", iniciada a partir das décadas de 1970 e 1980, com o movimento "Lei e Ordem", que passou a compor uma retórica de combate ao tráfico de entorpecente,

---

em entrevista", *Uol,* 2020. Disponível em: https://economia.uol.com.br/noticias/redacao/2020/03/04/apos-pib-desacelerar-bolsonaro-usa-humorista-para-evitar-assunto.htm. Acesso em: 16.01.2021.

CAPÍTULO IV - A QUE(M) SERVE O DIREITO?

velando o preconceito direcionado pelos órgãos públicos contra a população negra.[258]

Um dos principais autores da pesquisa de Marcelo Semer, o sociólogo sul-africano Stanley Cohen, dá evidência a dois elementos cruciais à compreensão da disposição do Direito Penal em práticas arbitrárias: (i) "estados de negação": em linhas gerais, as pessoas sabem, e ao mesmo tempo não sabem, o que acontece, recusam, por diversos motivos, o reconhecimento do que lhes cerca. Marcelo Semer aplica o conceito à realidade brasileira, ao afirmar a omissão do Ministério Público ou o silêncio do sistema judicial sobre a violência policial. Stanley Cohen relaciona três principais formas de negação: *"a) negação literal (o fato não aconteceu); b) negação interpretativa (aconteceu, mas não tem esse significado); c) negação implicatória (aconteceu desta forma, mas não tem essa implicação)"*; (ii) "pânico moral": traço que mais se aproxima aos temas por mim tratados neste estudo, cuida-se de *"Uma condição, episódio, pessoa ou grupo de pessoas que surge para se definir como uma ameaça aos valores e interesses sociais; (...)"*. A ideia relaciona-se com os estudos dos sociólogos estadunidenses Erich Goode e Barry Glassner, e do sociólogo judeu Nachman Bem-Yehuda, sobre a *cultura do medo* e a constituição de um *"(...) elevado nível de 'preocupação' com o comportamento de grupo ou categoria e as consequências que o comportamento causa para a sociedade. (...)"*, e por isso o *"(...) pânico moral gera, sobretudo, ansiedade e ela se revela em diversas maneiras: conversas, emoções, crimes de ódio ou frenesi da mídia"*; a hostilidade em relação a certo grupo ou categoria, elemento que constitui o pânico moral, desenvolve-se por consenso de que a ameaça é real.[259]

Os estudos de *law fare* são também um novo campo que se descortina na análise crítica do Direito Penal, em particular sobre a quem serve o Direito quando por trás dos supostos crimes há disputas políticas. Sobre *law fare*, combinação das palavras "lei" (*law*) e "guerra" (*war*), encontram-se registros esparsos desde os anos 1970, e consiste em se usar

---

[258] SEMER, Marcelo. *Sentenciado tráfico*: o papel dos juízes no grande encarceramento. São Paulo: Teoria, 2019, pp. 31, 36 e 41.

[259] SEMER, Marcelo. *Sentenciado tráfico*: o papel dos juízes no grande encarceramento. São Paulo: Teoria, 2019, pp. 42, 65, 112, 122, 125 e pp.72-75.

o Direito Penal, especialmente da interpretação das leis nos Tribunais, para atingir finalidades políticas.

Mas poder de polícia é também capítulo do Direito Público. O jurista argentino Santiago Legarre[260] diz que nos Estados Unidos, por influência, entre outras, de uma obra de 1758 do jurista suíço Emmerich de Vattel, passou a circular o termo "polícia" nos textos jurídicos. A jurisprudência incorporou a palavra a partir de um julgamento de 1827, caso Brown versus Maryland, no qual o juiz Marshall, presidente da Corte Suprema, utilizou o termo "police power". A expressão não se restringiu à segurança, salubridade e moralidade, temas recorrentes em sua referência pelo Conselho de Estado francês durante o século XIX, mas compreendeu ainda aspectos econômicos, sociais e até a função legislativa. Na Alemanha, no início do século XX, o jurista Otto Mayer[261] chegou a sustentar que o fundamento do "poder de polícia" estava no "direito natural", isto é, transcenderia o próprio Direito.

Intervenção, coação, restrição são elementos destacados em definições do poder de polícia no Direito Público, pelo jurista italiano Renato Alessi;[262] trata-se, diz ele, de *"(...) atividade administrativa que se desenvolve limitando ou regulando a atividade dos administrados (pessoas físicas ou jurídicas), usando eventualmente a coação, se for necessária (...)"*.[263] De modo semelhante, o jurista francês Jean Rivero define como *"(...) o conjunto das intervenções da Administração que tendem a impor à livre acção dos particulares a disciplina exigida pela vida em sociedade"*.[264] O jurista alemão Otto Mayer afirma que *"(...) consiste na ação da autoridade para fazer cumprir*

---

[260] LEGARRE, Santiago. *Poder de policía y moralidad pública*. Buenos Aires: Editorial Ábaco de Rodolfo Depalma, 2004, p. 72 a 94.

[261] MAYER, Otto. *Derecho administrativo alemán*. vol. 4. Trad. Horacio H. Heredia y Ernesto Krotoschin. Buenos Aires: Editorial Depalma, 1951, vol. II, p. 19.

[262] ALESSI, Renato. *Principi di Diritto Amministrativo*. vol. 2. Milano: Dott. A. Giuffrè Editores, 1966, p. 549.

[263] ALESSI, Renato. *Instituciones de derecho administrativo*. vol. 2. 3ª ed. Trad. Buenaventura Pellisé Prats. Barcelona: Bosch, Casa Editorial, 1960, p. 228.

[264] RIVERO, Jean. *Direito Administrativo*. Trad. Rogério Ehrhardt Soares. Coimbra: Almedina, 1981, p. 478.

CAPÍTULO IV - A QUE(M) SERVE O DIREITO?

um dever, que supõe geral, de não perturbar de modo algum a boa ordem da coisa pública".[265] No Brasil a definição se mantém. A jurista Maria Sylvia Zanella di Pietro conceitua como *"(...) a atividade do Estado consistente em limitar o exercício dos direitos individuais em benefício do interesse público".*[266] A coerção e a ordem pública são particularmente enfatizadas pela doutrina jurídica.

O poder de polícia pode tornar-se um aliado de primeira ordem nos estados de exceção porque representa a materialização do confronto contra a democracia. O Brasil carrega consigo um histórico conflitante de suposta realização do interesse público quanto à segurança do Estado por meio do poder de polícia. A manipulação em perseguição de *inimigos políticos* é um fato. A primeira versão de lei de segurança nacional no Brasil serve de exemplo: foi editada em 1935 com o propósito de combater as greves de trabalhadores e a Aliança Nacional Libertadora. O contexto histórico envolvia o Levante Comunista ("Intentona"), conduzido por Luís Carlos Prestes, em 1935, que sofreu forte repressão do governo de Getúlio Vargas. A lei previa crimes para quem estimulasse ou promovesse manifestações de indisciplina nas Forças Armadas ou greve nos serviços públicos, o que era matéria do Direito Penal, e impunha a censura aos meios de comunicação e a possibilidade de entidades sindicais consideradas "suspeitas" serem fechadas, temas do Direito Público. A pretexto da segurança nacional o poder de polícia perseguia e silenciava inimigos. A lei de segurança nacional, escrita pelo jurista Vicente Rao, e o Tribunal de Segurança Nacional que funcionou de 1936 a 1945, foram os dispositivos para censurar, vigiar, deter e condenar dissidentes políticos.

No âmbito do Direito Público, a produção acadêmica foi essencial, durante a ditadura militar de 1964 a 1985, para produzir significados do poder de polícia que legitimavam os mecanismos de perseguição a inimigos. Hely Lopes Meirelles, ex-juiz de direito, jurista, integrou a alta cúpula

---

[265] MAYER, Otto. *Derecho administrativo alemán.* vol. 4. Trad. Horacio H. Heredia y Ernesto Krotoschin. Buenos Aires: Editorial Depalma, 1951, vol. II, p. 19.

[266] RIVERO, Jean. *Direito Administrativo.* Trad. Rogério Ehrhardt Soares. Coimbra: Almedina, 1981, p. 111.

administrativa do Estado de São Paulo durante o regime militar. Foi Secretário do Interior do Governo do Estado de São Paulo, sob o comando do governador Roberto Costa de Abreu Sodré, integrou a assessoria que criou o Centro de Estudos e Pesquisas de Administração Municipal (CEPAM), em 1967 (posteriormente, Fundação Prefeito Faria Lima), chegou a acumular a direção da Secretaria de Segurança Pública. A par de sua vasta produção em temas diversos e tradicionais do Direito Público, Hely Lopes Meirelles, nome de referência para a história da ciência jurídica do país, produziu artigos nos quais defendeu o uso do poder de polícia para garantir a segurança nacional. Em conferência pronunciada na Escola Superior de Guerra, no dia 1º de julho de 1976, Hely Lopes Meirelles sustentou, com apoio no "Manual Básico" desta instituição, editado em 1975, medidas psicossociais e militares para a conquista e manutenção dos objetivos impostos pelo Estado *"(...) a despeito dos antagonismos ou pressões existentes ou potenciais"*.[267] O poder de polícia, em sua produção intelectual, era o "suporte da segurança nacional".[268] Afirma sobre a segurança nacional:

> A segurança nacional, na sua conceituação global, pode ser afetada pelas mais diversas atividades ou atuações do indivíduo ou de grupos, que consciente ou inconscientemente, pratiquem atos ou incitem condutas prejudiciais ou adversas ao regime político-constitucional estabelecido e aos objetivos e aspirações nacionais. São condutas subversivas ou antinacionais, que merecem a contenção do Estado e a punição de seus autores em preservação dos direitos fundamentais dos cidadãos e dos superiores interesses da comunidade e da Nação.[269]

O significado de "condutas subversivas" é por ele esclarecido adiante:

---

[267] MEIRELLES, Hely Lopes. "O poder de polícia, o desenvolvimento e a segurança nacional". *In: Revista de Direito Administrativo.* vol. 125. Rio de Janeiro: Editora Fundação Getúlio Vargas, 1976, p. 22.

[268] MEIRELLES, Hely Lopes. "Poder de polícia e segurança nacional". *In: Revista dos Tribunais,* ano 61. vol. 445. São Paulo: Revista dos Tribunais, 1972, p. 287.

[269] MEIRELLES, Hely Lopes. "Poder de polícia e segurança nacional". *In: Revista dos Tribunais,* ano 61. vol. 445. São Paulo: Revista dos Tribunais, 1972, p. 295.

CAPÍTULO IV - A QUE(M) SERVE O DIREITO?

> Além das atividades subversivas caracterizadas pelo emprego da violência para a tomada do Poder, outras existem que podem influir na opinião pública e afetar a segurança nacional, tal como a divulgação de ideias e noticiários tendenciosos, por todos e quaisquer meios de comunicação falada, escrita, ou expressa na imagem, pela imprensa, pelos filmes, pelo rádio ou pela televisão, as quais, por isso mesmo ficam sujeitas ao controle do Estado, através do poder de polícia.[270]

Sem rodeios, defende *"(...) a censura e outras medidas de polícia administrativa, preventivas ou repressivas, para impedir ou coibir a divulgação da ideia ou da imagem atentatória da moral ou incitadora da desordem que afeta a segurança nacional"*.[271] Em outro texto, sempre em simbiose entre "desenvolvimento", "segurança nacional" e o "poder de polícia", Hely Lopes Meirelles adverte que as normas que tratam de infrações disciplinares de professores, alunos e funcionários, empregados em geral de instituições de ensino, são de:

> (...) preservação da segurança nacional sabido que o ambiente das escolas é propício ao proselitismo subversivo pela permeabilidade dos jovens às doutrinas de contestação e pelo fácil manejo das massas estudantis sob a influência de seus professores ou de profissionais da subversão.[272]

A construção social de apoio ao regime autoritário depende da mobilização de afetos políticos. Ao longo da ditadura militar, a insistência na iminência de um ataque comunista concedeu espaço para a elaboração de narrativas jurídicas que procuravam dar credibilidade à legitimidade do uso da força estatal, o poder de polícia, para censurar a

---

[270] MEIRELLES, Hely Lopes. "Poder de polícia e segurança nacional". *In: Revista dos Tribunais*, ano 61. vol. 445. São Paulo: Revista dos Tribunais, 1972, p. 296.

[271] MEIRELLES, Hely Lopes. "Poder de polícia e segurança nacional". *In: Revista dos Tribunais*, ano 61. vol. 445. São Paulo: Revista dos Tribunais, 1972, p. 297.

[272] MEIRELLES, Hely Lopes. "Legislação e segurança nacional". *In: Revista dos Tribunais*, ano 61. vol. 445. São Paulo: Revista dos Tribunais, 1976, p. 160.

imprensa e a cultura (filmes, rádio e televisão), controlar a educação ("proselitismo subversivo"). O medo do comunismo foi um elemento aglutinador e propulsor da vontade política sobre o Direito para redefinir as áreas de atuação do poder de polícia. Relembro passagem que mencionei a ideia de Carl Schmitt, de que os estados de exceção pressupõem que cabe ao Estado o *jus belli*, quer dizer, a capacidade de definir um inimigo e combatê-lo. O poder de polícia é um instrumento hábil para este fim. A coação exercida ao argumento da proteção que se promete para aplacar o medo exige ainda mais submissão – *protego ergo obligo*; protejo, logo obrigo. O autoritarismo ocupa o espaço da liberdade. A espiral da violência durante a ditadura militar não foi por acaso, tornou-se o resultado previsível e inevitável do consentimento de parcela da sociedade e da servidão do Direito ao produzir narrativas que autorizavam violências institucionais. A produção acadêmica que acede com estados de exceção contribui à normalização das exceções e permite a sobrevivência do regime autoritário. Mas é preciso a constância da guerra contra o inimigo, qualquer um. A política de violência institucional enraíza-se e expande-se, reverbera, a necropolítica torna-se a identidade do Estado. O poder de polícia converte-se em meio do "direito de matar".

No Chile, em 2019, diante de protestos populares que ingressaram para a história do país por sua extensa proporção, a intimidação da polícia em ações violentas cegou dezenas de manifestantes.[273]

Nos estados de exceção, o poder de polícia representa a corporificação da vontade política.

4.1.4 A ocultação das vontades políticas autoritárias

A função administrativa, objeto de estudo do Direito Público, tem por premissa uma especial competência pública, a discricionária. A

---

[273] LOMBRANA, Laura Millan; BOYD, Sebastian. "As histórias das pessoas cegas pela polícia no Chile", *O GLOBO*, 2020. Disponível em: https://oglobo.globo.com/mundo/as-historias-das-dezenas-de-pessoas-cegas-pela-policia-no-chile-24056649. Acesso em: 16.01.2021.

CAPÍTULO IV - A QUE(M) SERVE O DIREITO?

denominada "competência discricionária" encontra relevante projeção na representação da função administrativa porque é por ela que se afirma a autonomia desta função. Pode-se reconhecer a função administrativa como uma das três funções estatais (ao lado da legislativa e da judiciária) porque nela reside a chamada "discricionariedade administrativa" (ou "competência discricionária"). Compreender o que é a "discricionariedade administrativa" significa, portanto, entender a própria função administrativa enquanto dimensão de poder do Estado. É o que assegura a independência e a autonomia do Executivo.

O jurista espanhol Miguel Sánchez Morón define a discricionariedade administrativa como a possibilidade, dentro de margens legais, de optar-se licitamente entre soluções distintas, mas sempre para satisfazer o interesse público, o que para ele compreende critérios econômicos, técnicos em geral, de mera conveniência social ou eminentemente políticos.[274] De modo semelhante, o jurista espanhol Fernando Sainz Moreno diz que a decisão discricionária é a que ocorre entre duas ou mais soluções sendo todas igualmente válidas para o Direito.[275] A competência discricionária é ainda tratada, entre os juristas espanhóis, como uma *margem de apreciação*, tal como faz Mariano Bacigalupo.[276] Outros, Eduardo García de Enterría e Tomás-Ramón Fernández, enfatizam que a discricionariedade não é a liberdade em relação à norma, mas sim uma remissão legal, isto é, a discricionariedade administrativa não se encontra à margem da lei, mas em virtude da lei; é a norma que remete à Administração para completar o quadro da potestade diante do caso concreto.[277]

Apresentadas estas ideias jurídicas, o que me interessa realçar é a forte aproximação existente entre a política e o Direito por meio da *discricionariedade administrativa*. Não por acaso, Eduardo García de Enterría e

---

[274] MORÓN, Miguel Sánchez. *Derecho administrativo*: parte general. Madrid: Tecnos, 2005, p. 91.

[275] MORENO, Fernando Sainz. *Conceptos jurídicos, interpretación y discrecionalidad administrativa*. Madrid: Civitas, 1976, pp. 304, 312 e 347.

[276] BACIGALUPO, Mariano. *La discrecionalidad administrativa* (estructura normativa, control judicial y límites constitucionales de su atribución). Madrid: Marcial Pons, 1997, p. 127.

[277] ENTERRÍA, Eduardo García de; FERNÁNDEZ, Tomás-Ramón. *Curso de derecho administrativo*. vol 1,12ª ed. Madrid: Civitas Ediciones, S.L, 2004, pp. 461-462.

Tomás-Ramón Fernández lembram uma advertência recorrente sobre ser a discricionariedade administrativa "o cavalo de Tróia do Estado de Direito".[278]

Um exemplo de forte abertura à vontade política que a discricionariedade administrativa produz encontra-se na vaga expressão "mérito administrativo". Muitas vezes quase um universo paralelo ao Direito, fora da possibilidade de controle jurídico, como se o fundamento dado por uma ação administrativa sob esta expressão permitisse escapar da Constituição e de qualquer verificação jurídica. O jurista Seabra Fagundes é uma referência da tradição jurídica que prestigia o "mérito administrativo". Diz ele que por *mérito* do ato administrativo deve-se entender o "sentido político" em relação às normas da "boa administração". Algo indeterminado e de amplíssimo alcance semântico, o "mérito administrativo" costuma ser definido como *oportunidade-conveniência*, o que envolveria "interesses" e não direitos, critérios políticos e técnicos e não "estritamente jurídicos", e por consequência o Judiciário estaria impedido de apreciá-lo.[279]

Não poucas vezes o "mérito do ato administrativo" torna-se o caminho da fuga de qualquer possibilidade de controle jurídico, e a vontade política autoritária frequentemente nele divisa o atalho aos estados de exceção.

Para ilustrar estas considerações, recordo a nomeação em novembro de 2019 do jornalista Sérgio Camargo para a Fundação Palmares, ente público federal responsável pela promoção da cultura afro-brasileira. Por decisão judicial nas instâncias ordinárias foi suspensa a possibilidade dele assumir o cargo porque à frente de um aparelho estatal vinculado ao combate ao racismo estaria alguém que disse ser "racismo Nutella" a discriminação racial no país, e que a "escravidão foi benéfica para os descendentes" dos escravos.[280] Mas o Superior Tribunal de Justiça, em 12

---

[278] ENTERRÍA, Eduardo García de; FERNÁNDEZ, Tomás-Ramón. *Curso de derecho administrativo*. vol 1,12ª ed. Madrid: Civitas Ediciones, S.L, 2004, pp. 461-471.

[279] FAGUNDES, Miguel Seabra. *O controle dos atos administrativos pelo Poder Judiciário*. 6ª ed. São Paulo: Saraiva, 1984, p. 178, 180 e 181.

[280] Disponível em: https://www.terra.com.br/noticias/brasil/politica/sergio-camargo-

CAPÍTULO IV - A QUE(M) SERVE O DIREITO?

de fevereiro de 2020, reformou a decisão judicial da instância inferior ao argumento de que a escolha estaria albergada pela discricionariedade administrativa.[281] Outra situação que já me referi neste estudo e também se enquadra no tema da discricionariedade administrativa foi a situação do ministro da educação Abraham Weintraub, no mês de abril de 2019, ter acusado as universidades públicas de local de "balbúrdia" e na sequência anunciado severos cortes de repasses de recursos financeiros;[282] diante das críticas da ampla mobilização nacional em manifestações públicas ele alterou os seus fundamentos: em vez da "balbúrdia" o ministro disse que a suspensão de repasse se dava pela necessidade da contingência de empenho de recursos por dificuldades financeiras, e assim consumou o corte de 50% dos "recursos discricionários autorizados" de universidades da Bahia e Mato Grosso do Sul.[283] Em 2020, no início da curva de ascensão da difusão do Covid19 no Brasil, após o consenso estabelecido em comunidades científicas de diversos matizes por todo o planeta sobre a importância do isolamento social para combater a pandemia, em discurso feito no dia 24 de março o presidente da república Jair Bolsonaro fez duras críticas às medidas de contenção adotadas por governos estaduais, pediu a "volta à normalidade", fim do "confinamento em massa", acusou os meios de comunicação de espalharem o "pavor" e simplificou a crise mundial como uma "gripezinha".[284] O seu desejo

---

e-suspenso-do-comando-da-fundacao-palmares,f06bd5eed531779c08af76918923f72 0g86rmygk.html

[281] "STJ libera Sérgio Camargo para presidência da Fundação Palmares", *Exame*, fev. 2020. Disponível em: https://exame.com/brasil/stj-libera-sergio-camargo-na-presidencia-da-fundacao-palmares/. Acesso em: 05.03.2020.

[282] AGOSTINI, Renata. "MEC cortará verba de universidade por 'balbúrdia' e já enquadra UnB, UFF e UFBA". *Estadão*, abr. 2019. Disponível em: https://educacao.estadao.com.br/noticias/geral,mec-cortara-verba-de-universidade-por-balburdia-e-ja-mira-unb-uff-e-ufba,70002809579. Acesso em: 05.03.2020.

[283] SALDANHA, Paulo. "Bloqueio de recursos em federais é inconstitucional, defende procuradoria". *Folha de São Paulo*, mai. 2019. Disponível em: https://www1.folha.uol.com.br/educacao/2019/05/bloqueio-de-recursos-em-federais-e-inconstitucional-defende-procuradoria.shtml. Acesso em: 05.03.2020.

[284] JORNAL NACIONAL. "Bolsonaro pede na TV 'volta à normalidade' e fim do 'confinamento em massa' e diz que meios de comunicação espalharam 'pavor'". *G1*, mar. 2020. Disponível em: https://g1.globo.com/politica/noticia/2020/03/24/

pessoal de negar a ciência e encerrar o isolamento social travestiu-se juridicamente de exercício da competência discricionária.

A discricionariedade administrativa pode servir para abrigar a personalíssima leitura de mundo de agentes políticos. O contato da política com o Direito pela discricionariedade administrativa pode franquear espaço para a vazão de caprichos de quem ocupa cargos públicos e gradualmente consumar os estados de exceção.

4.1.5 Serviço público e neoliberalismo: a normalização dos estados de exceção.

No início do século XX surgiu a *escola do serviço público* do jurista francês Léon Duguit. Para ele, o serviço público não é formulado abstratamente, mas constatado fisicamente, é o necessário à interdependência social. A proposta de Léon Duguit decorre de uma perspectiva sociológica. Posteriormente o tema passou a ter contornos mais jurídicos, conforme Gastón Jèze que associa o serviço público ao procedimento de Direito Público, portanto enaltece o regime jurídico para a sua concepção. Ao mencionar o jurista espanhol José Luis Villar Palasí, a jurista Dinorá Adelaide Musetti Grotti relembra que o elemento determinante à qualificação de uma atividade como serviço público é o que se chama de *publicatio*, ou ato de *publicatio*, consistente na atribuição da titularidade de um serviço ao Estado, e por conseguinte a exclusão de sua realização por particulares a menos que obtenham prévio consentimento da Administração Pública. A titularidade do serviço pertence ao Estado, apenas a sua consecução material é que pode ser assumida por particulares (concessões, permissões, parcerias em geral).[285]

Serviço público, portanto, é o oferecimento de uma *atividade* aos cidadãos que pressupõe o Estado como seu titular e, por isso, dotado do dever de *prestá-la*. Uma expressão da *função administrativa* estreitamente

---

bolsonaro-pede-na-tv-volta-a-normalidade-e-fim-do-confinamento-em-massa.ghtml. Acesso em: 05.03.2020.

[285] GROTTI, Dinorá Adelaide Musetti. *O serviço público e a Constituição brasileira de 1988*. São Paulo: Malheiros, 2003, p. 25.

CAPÍTULO IV - A QUE(M) SERVE O DIREITO?

conectada ao *interesse público* e submetida integralmente ao *regime jurídico de Direito Público*. A Constituição e as leis com ela compatíveis definem os serviços públicos.

Mas o neoliberalismo é uma forma político-econômica de autoritarismo que se opõe ao serviço público. Quer eliminá-lo da Constituição, retirar a titularidade do Estado. A relação visceral entre neoliberalismo e estados de exceção expus detalhadamente em tópico precedente (2.2). Não vou repetir o percurso histórico e os fundamentos apresentados anteriormente. Mas sinto a necessidade, no destaque para o Direito Público que faço neste capítulo, de relembrar que o neoliberalismo combate a ideia de um quadro de serviços públicos. Uma das metas do neoliberalismo é a extinção dos serviços públicos. Os estados de exceção estabelecem-se em sociedades fragilizadas pela falta de uma rede de proteção do Estado, enfraquecidas nos serviços públicos, sejam de saúde, educação, assistência social e outros. Sem a proteção do Estado quem não tem condições econômicas para atender às suas necessidades elementares submete-se integralmente à livre iniciativa – livre para dizer se vai atender, por quanto e sob quais condições.

Sem serviços públicos aumenta-se a miséria, expandem-se as distinções sociais. Movimentos sociais de protesto surgem e são reprimidos pelo Estado. Relembro a frase de Friedrich Hayek que reproduzi anteriormente (2.2): *"Minha preferência pende a favor de uma ditadura liberal, não a um governo democrático em que não haja nenhum liberalismo"*. Para a manutenção da desigualdade na escalada assegurada pelo neoliberalismo o Estado precisa assumir a forma de *empresa*, ser um *empreendedor,* submeter-se à lógica da concorrência, fugir para o direito privado, reagir às demandas sociais sufocando a democracia, subtraindo a soberania porque quem dita a exceção torna-se o verdadeiro soberano. A lógica neoliberal *normaliza* os estados de exceção pela violência contra a sociedade. De soberano o povo passa a inimigo do Estado-empresa.

EPÍLOGO

Os regimes autoritários na contemporaneidade não se anunciam como tais. Estados de exceção são a sua forma político-jurídica, mas dissimulam sua vocação antidemocrática, valem-se da palavra "democracia" para atacá-la, fragmentam seus ataques – atacam alternadamente as instituições democráticas e as liberdades constitucionais: educação, cultura, liberdade de expressão e a independência dos Poderes. Cada *forma* de autoritarismo enfatiza um aspecto da vida política: o populismo é a forma político-social do autoritarismo; o neoliberalismo é a forma político-econômica do autoritarismo; estados de exceção são a forma político-jurídica do autoritarismo. O populismo alinha-se aos estados de exceção: soberanos em estados de exceção compõem discursos performáticos e disruptivos, os discursos contra-públicos nos quais se parte da "democracia" e da "liberdade" para difundir a intolerância e o ódio. O neoliberalismo reforça e depende dos estados de exceção: existe uma contradição estrutural entre o neoliberalismo, de um lado, e a soberania popular e a democracia, de outro.

A democracia, diante do populismo, do neoliberalismo e dos estados de exceção, é reelaborada para criar a ilusão de sua realização. Em seu lugar apresenta-se a *violência* assumida pelo próprio Estado, a *violência institucional* para interditar as manifestações democráticas e as tentativas do povo de reivindicar seu poder. Nos estados de exceção, a soberania não pertence ao povo, mas a quem decide os estados de exceção: quem dita novas ordens, regras ou interpretações que não se encontram no horizonte do Direito.

A mobilização de afetos políticos é tema central à compreensão da construção social de apoio aos regimes autoritários. A circulação de afetos é elemento constitutivo dos estados de exceção. Não apenas o medo, mas ódio, ressentimento, raiva, muitos outros sentimentos que podem ser articulados para agigantar vontades políticas bem além dos limites que o Direito permitiria. Mas o medo precisa de um inimigo. Os estados de exceção sobrevivem às custas dos inimigos que elege, trata-se da força gravitacional que desperta e movimenta a vontade política autoritária: um inimigo comum.

A relação entre a política e o Direito nos estados de exceção ocorre por servidão voluntária. Os estados de exceção precisam do Direito porque por ele confere-se o verniz de racionalidade. O Direito, onde se instalam os estados de exceção, é necessário para produzir algum sentido: torna-se o *logos* – palavras e razão – de afetos que circulam na sociedade. O Direito abriga a vontade política autoritária, *serve voluntariamente* a ela. Nos dias que nos cercam, a vontade política do soberano nos estados de exceção refugia-se no Direito, nele encontra proteção. A compreensão desta realidade é fundamental para o enfrentamento do autoritarismo.

A partir de 2020, o mundo foi marcado por uma pandemia que transformou profundamente – e ainda provocará efeitos por anos – as relações econômicas, sociais, culturais, *jurídicas* e *políticas*, e pode ensejar novas formas de estados de exceção a encaminharem democracias a regimes autoritários. Na Hungria, o primeiro-ministro, Viktor Orban, assegurou, por processo supostamente democrático porque o consentimento foi dado por lei, a possibilidade de indefinidamente governar por decreto.[286] Em El Salvador, o presidente Nayib Bukele, com 85,9% de aprovação popular, deteve pessoas que violaram o isolamento e simples suspeitos de terem contraído a doença em "centros de contenção", e recusou cumprir ordem de soltura da Suprema Corte de Justiça.[287] Novos estados de exceção estão

---

[286] PINTO, Ana Estela de Sousa. "Com 'lei do coronavírus', premiê húngaro obtém poder ilimitado para governar", *Folha*, 2020. Disponível em: https://www1.folha.uol.com.br/mundo/2020/03/primeiro-ministro-da-hungria-obtem-poder-para-governar-por-decreto.shtml. Acesso em: 16.01.2021.

[287] COLOMBO, Sylvia. "Presidente de El Salvador usa quarentena para radicalizar

EPÍLOGO

em produção, a democracia é esgarçada, a soberania cada vez mais distante de onde deveria ser a sua origem, o povo.

É a primeira vez neste século que a maior parte dos países do mundo não é uma democracia. Um sério retrocesso para quem esperava, com a ascendência democrática pós 2ª Guerra Mundial, que não haveria regressões graves. O diagnóstico é do Instituto de Variações da Democracia (V-Dem), entidade ligada à Universidade de Gotemburgo, na Suíça, referência por elaborar o ranking do nível de democracia no mundo. O levantamento para o início de 2020 foi de 92 países com regimes autoritários contra 87, democráticos. O Brasil, em 2019, sofreu drástico declínio. Os discursos de ódio e ataques a jornalistas são os principais marcadores destacados. A cientista política alemã Anna Luhrmann, vice-diretora do Instituto, afirma: *"A crise do coronavírus vai acelerar essa onda autoritária"*.[288] No final de 2020, a derrota de Donald Trump em sua tentativa de reeleição à presidência dos Estados Unidos da América pode ter sido um alento, mas não se pode desconsiderar que ele perdeu por uma pequena diferença de votos, o que deixou o recado de que o "trumpismo" sobreviveu, e ainda fez questão de arranhar o processo eleitoral com uma enxurrada de acusações vagas e sem provas de fraude nas eleições,[289] cicatrizes que marcaram as instituições democráticas do país.

Conscientizar-se da realidade desta conexão, política e Direito, e do potencial de submissão que a política impõe ao Direito permite estruturar as resistências institucionais e sociais, desenvolver a capacidade

---

autoritarismo no país", *Folha*, 2020. Disponível em: https://www1.folha.uol.com.br/mundo/2020/04/presidente-de-el-salvador-usa-quarentena-para-radicalizar-autoritarismo-no-pais.shtml. Acesso em: 16.01.2021.

[288] BENEVIDES, Bruno. "Crise do coronavírus vai acelerar onda autoritária, diz cientista política", *Folha*, 2020. Disponível em: https://www1.folha.uol.com.br/mundo/2020/04/crise-do-coronavirus-vai-acelerar-onda-autoritaria-diz-cientista-politica.shtml. Acesso em: 16.01.2021.

[289] SENRA, Ricardo. "Republicanos reagem a acusações de Trump: 'Indefensável'", *Folha*, 2020. Disponível em: https://www1.folha.uol.com.br/mundo/2020/11/republicanos-reagem-a-acusacoes-de-fraude-sem-provas-de-trump-indefensavel.shtml. Acesso em: 16.01.2021.

de reação do próprio Direito para não atender ao chamado de instrumento legitimador do arbítrio de poucos que se apoderam e encarnam o poder soberano. O Direito pode ser um meio de resistência.

REFERÊNCIAS BIBLIOGRÁFICAS

AGAMBEN, Giorgio. *Estado de exceção*. Trad. Iraci D. Poleti. São Paulo: Boitempo, 2004.

ALESSI, Renato. *Instituciones de derecho administrativo*. vol. 2. 3ª ed. Trad. Buenaventura Pellisé Prats. Barcelona: Bosch, Casa Editorial, 1960.

_____. *Principi di Diritto Amministrativo*. vol. 2. Milano: Dott. A. Giuffrè Editores, 1966.

ALMEIDA FILHO, Agassiz; BARROS, Vinícius Soares de Campos. *Novo manual de ciência política*. 2ª ed. São Paulo: Malheiros, 2013.

AMARAL, Diogo Freitas do. *História do pensamento político ocidental*. Lisboa: Almedina, 2011.

ANDERSON, Perry. *Linhagens do Estado Absolutista*. Trad. Renato Prelorentzou. São Paulo: Editora Unesp, 2016.

ARAÚJO, Cícero Romão Resende de. *A forma da república*: da constituição mista ao Estado. São Paulo: WMF Martins Fontes, 2013.

ARENDT, Hannah. *Origens do totalitarismo*. Trad. Roberto Raposo. São Paulo: Companhia das Letras, 2012.

ARENDT, Hannah. *Responsabilidade e julgamento*. Trad. Rosaura Einchenberg. São Paulo: Companhia das Letras, 2004.

BACIGALUPO, Mariano. *La discrecionalidad administrativa* (estructura normativa, control judicial y límites constitucionales de su atribución). Madrid: Marcial Pons, 1997

REFERÊNCIAS BIBLIOGRÁFICAS

BERCOVICI, Gilberto. *Soberania e Constituição*: para uma crítica do constitucionalismo. 2ª ed. São Paulo: Quartier Latin, 2013.

BOBBIO, Norberto. *Teoria geral da política*: a filosofia política e as lições dos clássicos. Trad. Daniela Beccaccia Versiani. Rio de Janeiro: Elsevier, 2000.

BODIN, Jean. *Os seis livros da República*. Trad. José Carlos Orsi Morel. São Paulo: Ícone, 2011.

BOÉTIE, Étienne de La. *Discurso da servidão voluntária*. Trad. Casemiro Linarth. São Paulo: Martin Claret, 2009.

CARVALHO, José Murilo de. *A formação das almas*: o imaginário da República no Brasil. São Paulo: Companhia das Letras, 2017.

CHÂTELET, François. *História das ideias políticas*. Trad. Carlos Nelson Coutinho. Rio de Janeiro: Jorge Zahar Editor, 1985.

CHAUÍ, Marilena. *Convite à filosofia*. 14ª ed. São Paulo: Ática, 2012.

_____. *Manifestações ideológicas do autoritarismo brasileiro*. Org. André Rocha. vol. 2. Belo Horizonte: Autêntica, 2013.

_____. *Contra a servidão voluntária*. Org. Homero Santiago. Belo Horizonte: Autêntica, 2013.

_____. *Neoliberalismo*: a nova forma do totalitarismo. Em: https://www.diariodocentrodomundo.com.br/neoliberalismo-a-nova-forma-do-totalitarismo-por-marilena-chaui/

CHAUÍ, Marilena. "Neoliberalismo: a nova forma do totalitarismo", *Diário do centro do mundo,* 2019. Disponível em: https://www.diariodocentrodomundo.com.br/neoliberalismo-a-nova-forma-do-totalitarismo-por-marilena-chaui/. Acesso em 24.01.2021.

CHOMSKY, Noam. *Estados fracassados*: o abuso do poder e o ataque à democracia. Trad. Pedro Jorgensen Jr. Rio de Janeiro: Bertrand Brasil, 2009.

COMPARATO, Fábio Konder. *Ética. Direito, moral e religião no mundo moderno*. São Paulo: Companhia das Letras, 2006.

DARDOT, Pierre; LAVAL, Christian. *A nova razão do mundo*: ensaio sobre a sociedade neoliberal. Trad. Mariana Echalar. São Paulo: Boitempo, 2016.

ECO, Umberto. *Idade Média: Explorações, comércio e utopias*. vol. 4. Trad. Carlos Aboim de Brito e Diogo Madre Deus. Alfragide: Dom Quixote, 2015.

REFERÊNCIAS BIBLIOGRÁFICAS

ENTERRÍA, Eduardo García de; FERNÁNDEZ, Tomás-Ramón. *Curso de derecho administrativo*. 12ª ed. Madrid: Civitas Ediciones, S.L, 2004, 2 v.

EVANS, Richard J. *A chegada do Terceiro Reich*. Trad. Lúcia Brito. 3ª ed. São Paulo: Planeta, 2016.

_____. *Terceiro Reich no poder*. Trad. Lúcia Brito. 3ª ed. São Paulo: Planeta, 2016.

_____. *Terceiro Reich em guerra*. Trad. Lúcia Brito; Sílvia Pinheiro. 3ª ed. São Paulo: Planeta, 2016.

_____. *A luta pelo poder. Europa 1815-1914*. Trad. Pedro Elói Duarte. Lisboa: Edições 70, 2018.

FAGUNDES, Miguel Seabra. *O controle dos atos administrativos pelo Poder Judiciário*. 6ª ed. São Paulo: Saraiva, 1984.

FERREIRA, Jorge. *O populismo e sua história*: debate e crítica. 3ª ed. Rio de Janeiro: Civilização Brasileira, 2013.

FIGUEIREDO, Lúcia Valle. *Curso de Direito Administrativo*. 7ª ed. São Paulo: Malheiros, 2004.

FINN, Stephen J. *Compreender Hobbes*. Trad. Cesar Souza. Rio de Janeiro: Vozes, 2010.

FINCHELSTEIN, Federico. *Del fascismo ao populismo em la historia*. Trad. Alan Pauls. Nova York: Taurus. Penguin Random House Grupo Editorial, 2019.

GELLATELY, Robert. *A maldição de Stalin*. Trad. Joubert de Oliveira Brizida. Rio de Janeiro: Record, 2017.

GOYARD-FABRE, Simone. *O que é a democracia?* Trad. Cláudia Berliner. São Paulo: Martins Fontes, 2003.

GROTTI, Dinorá Adelaide Musetti. *O serviço público e a Constituição brasileira de 1988*. São Paulo: Malheiros, 2003.

HAMILTON, Alexander; MADISON, James; JAY, John. *O federalista*. 3ª ed. Trad. Ricardo Rodrigues Gama. Campinas: Russell editors, 2010.

HARVEY, David. *O neoliberalismo*: história e implicações. Trad. Adail Sobral e Maria Stela Gonçalves. São Paulo: Loyola, 2014.

REFERÊNCIAS BIBLIOGRÁFICAS

HOBBES, Thomas. *Leviatã ou matéria, forma e poder de uma República Eclesiástica e Civil*. Trad. João Paulo Monteiro e Maria Beatriz Nizza da Silva. São Paulo: Martins Fontes, 2008.

HOBSBAWM, Eric. *Nações e nacionalismo desde 1780. Programa, mito e realidade*. Trad. Maria Celia Paoli e Anna Maria Quirino. São Paulo: Paz e Terra, 2013.

HOLLANDA, Cristina Buarque de. *Teoria das elites*. Rio de Janeiro: Zahar, 2011.

KEANE, John. *Vida e morte da democracia*. Trad. Clara Colloto. São Paulo: Edições 70, 2010.

KELSEN, Hans. *Teoria pura do direito*. Trad. João Baptista Machado. São Paulo: Martins Fontes, 2003.

LEGARRE, Santiago. *Poder de policía y moralidad pública*. Buenos Aires: Editorial Ábaco de Rodolfo Depalma, 2004.

LEVITSKY, Steven; ZIBLATT, Daniel. *Como as democracias morrem*. Trad. Renato Aguiar. Rio de Janeiro: Zahar, 2018.

LOWE, Keith. *Continente selvagem*. Trad. Rachel Botelho de Paulo Schiller. Rio de Janeiro: Zahar, 2017.

MAYER, Otto. *Derecho administrativo alemán*. vol. 4. Trad. Horacio H. Heredia y Ernesto Krotoschin. Buenos Aires: Editorial Depalma, 1951.

MELLO, Celso Antônio Bandeira de. *Curso de Direito Administrativo*. 34ª ed. São Paulo: Malheiros, 2019.

MASCARO, Alysson Leandro. *Filosofia do direito*. 2ª ed. São Paulo: Atlas, 2012.

_____. *Crise e pandemia*. São Paulo: Boitempo, 2020.

MAZOWER, Mark. *O continente das trevas*. Trad. Pedro Elói Duarte. Lisboa: Almedina, 2018.

MBEMBE, Achille. *Necropolítica*: biopoder, soberania, estado de exceção, política da morte. São Paulo: n-1 edições, 2018.

MEIRELLES, Hely Lopes. *Legislação e segurança nacional*. Em: *Revista "Justicia"*. vol. 1994. São Paulo: Ministério Público do Estado de São Paulo, 1976.

REFERÊNCIAS BIBLIOGRÁFICAS

MEIRELLES, Hely Lopes. *Poder de polícia e segurança nacional*. Em: *Revista dos Tribunais,* ano 61. vol. 445. São Paulo: Revista dos Tribunais, 1972.

MEIRELLES, Hely Lopes. "O poder de polícia, o desenvolvimento e a segurança nacional". Em: *Revista de Direito Administrativo*. vol. 125. Rio de Janeiro: Editora Fundação Getúlio Vargas, 1976.

MIGUEL, Luís Felipe. *O nascimento da política moderna*. Brasília: Editora Universidade de Brasília, 2015.

MORENO, Fernando Sainz. *Conceptos jurídicos, interpretación y discrecionalidad administrativa*. Madrid: Civitas, 1976.

MORÓN, Miguel Sánchez. *Derecho administrativo: parte general*. Madrid: Tecnos, 2005.

MÜLLER, Jan-Werner. *O que é o populismo?* Trad. Miguel Freitas da Costa. Alfragide: Texto Editores, 2017.

NAY, Olivier. *História das ideias políticas*. Trad. Jaime A. Clasen. Petrópolis: Vozes, 2007.

NOVAES, Adauto (org). *Ensaios sobre o medo*. São Paulo: Edições Sesc-SP, 2007.

NOVAIS, Fernando A. *Portugal e Brasil na crise do antigo sistema colonial (1777-1808)*. 2ª ed. São Paulo: Editora 34, 2019.

PEREIRA, Anthony W. *Ditadura e repressão*: o autoritarismo e o Estado de Direito no Brasil, no Chile e na Argentina. Trad. Patrícia de Queiroz Carvalho Zimbres. São Paulo: Paz e Terra, 2010.

PIETRO, Maria Sylvia Zanella Di. *Direito Administrativo*. 15ª ed. São Paulo: Atlas, 2003.

RANCIÈRE, Jacques. *O ódio à democracia*. Trad. Mariana Echalar. São Paulo: Boitempo, 2014.

RECONDO, Felipe. *Tanques e togas*: o STF e a ditadura militar. São Paulo: Companhia das Letras, 2018.

RICOEUR, Paul. *O Justo 2*. Trad. Ivone C. Benedetti. São Paulo: WMF Martins Fontes, 2008.

RIVERO, Jean. *Direito Administrativo*. Trad. Rogério Ehrhardt Soares. Coimbra: Almedina, 1981.

REFERÊNCIAS BIBLIOGRÁFICAS

ROCHA, Camila. *"'Menos Marx, mais Mises': uma gênese da nova direita brasileira" (2006-2018)*. Tese de doutorado em ciência política da Faculdade de Filosofia, Letras e Ciências Humanas da Universidade de São Paulo. 2018.

ROLLEMBERG, Denise; QUADRAT, Samantha Viz (org). *A construção social dos regimes autoritários*: legitimidade, consenso e consentimento no século XX. vol. 1. Rio de Janeiro: Civilização Brasileira, 2010.

ROSAS, Fernando. *Salazar e os fascismos*: ensaio breve de história comparada. Lisboa: Tinta da China, 2019.

ROUSSEAU, Jean-Jacques. *A origem da desigualdade entre os homens*. Trad. Eduardo Brandão. São Paulo: Penguin Classics Companhia das Letras, 2017.

_____. *Do contrato social*. Trad. Eduardo Brandão. São Paulo: Penguin Classics Companhia das Letras, 2011.

SAFATLE, Vladimir. *Só mais um esforço*. São Paulo: Três Estrelas, 2017.

_____. *O circuito dos afetos*: corpos políticos, desamparo e o fim do indivíduo. São Paulo: Cosac Naify, 2015.

_____. *Bem vindo ao estado suicidário*. Em: https://n-1publications.org/004

SANTOS, Boaventura de Sousa. *A difícil democracia. Reinventar as esquerdas*. São Paulo: Boitempo, 2016.

_____. *A cruel pedagogia do vírus*. Coimbra: Edições Almedina S.A., 2020.

SCHMITT, Carl. *O conceito do político*. Trad. Alexandre Franco de Sá. Lisboa: Edições 70, 2015.

_____. *O nomos da terra no direito das gentes do 'jus publicum europaeum'*. Trad. Alexandre Franco de Sá; Bernardo Ferreira; José Maria Arruda; Pedro Hermílio Villas Bôas Castelo Branco. Rio de Janeiro: Editora PUC-Rio, 2016.

_____. *Teologia política*. Trad. Elisete Antoniuk. Belo Horizonte: Del Rey, 2006.

SCHWARCZ, Lília M.; STARLING, Heloísa M. (org). *Dicionário da República. 51 textos críticos*. São Paulo: Companhia das Letras, 2019.

SEMER, Marcelo. *Sentenciado tráfico*: o papel dos juízes no grande encarceramento. São Paulo: Teoria, 2019.

REFERÊNCIAS BIBLIOGRÁFICAS

SERRANO, Pedro Estevam Alves Pinto. *Autoritarismo e golpes na América Latina*: breve ensaio sobre jurisdição e exceção. São Paulo: Alameda, 2016.

SIEYÈS, Emmanuel. *Qué es el Tercer Estado? Ensayo sobre los privilégios*. Trad. Marta Lorente Sariñena y Lidia Vázquez Jiménez. Madrid: Alianza Editorial, 2012.

STANLEY, Jason. *Como funciona o fascismo*: a política do 'nós' e 'eles'. Porto Alegre: L&PM, 2018.

STRAUSS, Leo; CROPSEY, Joseph. *História da filosofia política*. Trad. Heloísa Gonçalves Barbosa. Rio de Janeiro: Forense, 2013.

TELES, Edson; SAFATLE, Vladimir (org). *O que resta da ditadura*. São Paulo: Boitempo, 2010.

TELES, Edson. *Democracia e estado de exceção*: transição e memória política no Brasil e na África do Sul. São Paulo: editora Fap-Unifesp, 2015.

TOCQUEVILLE, Alexis de. *A democracia na América*. Trad. Neil Ribeiro da Silva. São Paulo: Folha de São Paulo, 2010.

TODOROV, Tzvetan. *Os inimigos íntimos da democracia*. Trad. Joana Angélica d'Ávila Melo. São Paulo: Companhia das Letras, 2012.

TOURAINE, Alain. *O que é a democracia?* 2ª ed. Trad. Guilherme João de Freitas Teixeira. Petrópolis: Vozes, 1996.

VALIM, Rafael. *Estado de exceção*: a forma jurídica do neoliberalismo. São Paulo: Editora Contracorrente, 2017.

VIEIRA, Oscar Vilhena. *A batalha dos Poderes*: da transição democrática ao mal-estar constitucional. São Paulo: Companhia das Letras, 2018.

WELP, Yanina. *Todo lo que necesitás saber sobre las democracias del siglo XXI*. Buenos Aires: Paidós, 2018.

A Editora Contracorrente se preocupa com todos os detalhes de suas obras! Aos curiosos, informamos que este livro foi impresso no mês de março de 2021, em papel Pólen Soft 80g, pela Gráfica Copiart.